Beck'sche Reihe
BsR 330

„Allzu viele kommen uns schon heute vor wie Tote, wie Leute, die schon hinter sich haben, was sie vor sich haben, so wenig tun sie dagegen." (B. Brecht)

Till Bastian bringt in seinem Buch die lebensbedrohenden Entwicklungen auf dieser Erde in ihren inneren Zusammenhang. Er macht bewußt, was viele von uns schon gar nicht mehr wahrnehmen: die kontinuierlich fortschreitende alltägliche Zerstörung der Natur und unserer Lebensgrundlagen.

Till Eugen Bastian, geb. 1949, Studium der Humanmedizin, 1980 Promotion. Arzt in eigener Praxis bis 1982, dabei vorwiegend psychotherapeutisch tätig. Seit 1983 freier Schriftsteller; Mitglied der westdeutschen Sektion der IPPNW (Internationale Ärzte für die Verhütung des Atomkriegs; Friedensnobelpreis 1985).

Zahlreiche Veröffentlichungen, u. a.: Arzt, Helfer, Mörder (1982); Die heile Welt der Medizin (^{2}1986); in der Beck'schen Reihe (312) erschien bereits: Bunker und Valium. Wie sich die Bundesrepublik auf den „Ernstfall" vorbereitet. 1986.

Hartmut Ciesla-Andresen lebt heute (nach langen Reisejahren) als kreativer Berater mit seiner Tochter vor den Toren Münchens. Er hat seit 3 Jahren kein Foto mehr gemacht; über 2000 Bilder einer langen Amerika- und Kanadareise liegen unbearbeitet im Archiv.

TILL BASTIAN

Nach den Bäumen stirbt der Mensch

Mit einem Fotoessay von Hartmut Ciesla-Andresen

VERLAG C.H.BECK MÜNCHEN

Mit 22 Abbildungen im Text

CIP-Kurztitelaufnahme der Deutschen Bibliothek

Bastian, Till:
Nach den Bäumen stirbt der Mensch / Till Bastian. Mit e.
Fotoessay von Hartmut Ciesla-Andresen. – Erg. u. überarb.
Aufl. – München : Beck, 1987.
1. Aufl. im Robinson-Verl., Frankfurt/M.
(Beck'sche Reihe ; 330)
ISBN 3406321925

NE: GT

Dieses Buch ist die 2., ergänzte und überarbeitete Auflage des unter gleichem Titel im Robinson Verlag, Frankfurt/M. 1984 erschienenen Buches.

ISBN 3 406 32192 5

Einbandentwurf von Uwe Göbel, München
Umschlagbild: P. Ehrler, Wiesbaden

Gesamtherstellung: Appl, Wemding
Printed in Germany

Inhalt

Vorbemerkung

Im Jahre 1983 begann ich mit der Niederschrift dieses Textes. Als ich ihn dann 1986 in die vorliegende Fassung brachte, ertönte eine seltsame Begleitmusik: Im Januar explodierte die Raumfähre „Challenger“, im April brannte der Reaktor von Tschernobyl, im Herbst stand das Chemiewerk von Sandoz bei Basel in Flammen und vernichtete fast alles Leben im Rhein. Was mag noch kommen?

Aber unser Leben geht den gewohnten Gang, immer noch. „Die Katastrophe ist, daß alles weitergeht!“ soll Walter Benjamin einmal gesagt haben. Wohl wahr. Doch warum ist das so?

Nach wie vor vermute ich, daß die Katastrophen der genannten Art nur die Spitze des Eisberges bilden, Krisensymptome eines schleichenden Zerstörungsprozesses, der eher unterschwellig-heimlich vonstatten geht und gegen den wir offenbar nur noch geringe Abwehrkräfte mobilisieren können. Darum, nicht um die Einzelheiten der Umweltzerstörung, geht es mir:

„Wenn die Menschen das Schreckliche nicht fürchten, dann kommt der große Schrecken.“ *(Tao te King)*

Ich danke Wolfgang Beck und Christine Zeile für geduldige Unterstützung bei meiner Arbeit an diesem eher düsteren Thema. Leserin und Leser mögen selber entscheiden, ob meine Analyse über die Jahre an Aktualität gewonnen oder verloren hat.

Till Bastian Mainz, Frühjahr 1987

Auch die Weißen werden vergehen, eher vielleicht als alle anderen Stämme. Fahret fort, Euer Bett zu verseuchen, und eines Nachts werdet ihr im eigenen Abfall ersticken.

Chief Seattle, Häuptling der Duwamish-Indianer (1855)

Es ist ein Fluch des Menschengeschlechtes, daß es durch Gewöhnung auch das Schrecklichste ertragen lernt.

Rudolf Virchow (1849)

Das Gedächtnis der Menschheit für erduldete Leiden ist erstaunlich kurz. Ihre Vorstellungsgabe für kommende Leiden ist fast noch geringer. Die Beschreibungen, die der New Yorker von den Greueln der Atombombe erhielt, schreckten ihn anscheinend nur wenig. Der Hamburger ist noch umringt von Ruinen, und doch zögert er, die Hand gegen einen neuen Krieg zu erheben. Die weltweiten Schrekken der vierziger Jahre scheinen vergessen. Der Regen von gestern macht uns nicht naß, sagen viele. Diese Abgestumpftheit ist es, die wir zu bekämpfen haben, ihr äußerster Grad ist der Tod. Allzu viele kommen uns schon heute vor wie Tote, wie Leute, die schon hinter sich haben, was sie vor sich haben, so wenig tun sie dagegen.

Bertolt Brecht (1952)

Nach den Bäumen stirbt der Mensch

Dieses Buch will kein Loblied auf die guten alten Zeiten singen – eine solche Botschaft aus ihm herauszulesen wäre ein großes Mißverständnis. Jene guten alten Zeiten hat es in Wahrheit niemals gegeben – und selbst wenn in früheren Jahrhunderten manches besser, nein: weniger schlecht, menschengemäßer gewesen sein sollte, so können wir doch nie und nimmer zu diesem „Damals" zurück. Die früheren Zeiten, was es auch immer mit ihnen auf sich haben mag, sind vergangen und verloren wie unsere Kindertage: unwiederbringlich.

Zwar will es mir durchaus sinnvoll erscheinen, darüber nachzudenken, was denn früher menschengemäßer gewesen sein könnte, aber diese historische Analyse bleibt zunächst bloß eine Denkübung, die sich Bereiche theoretisch erschließt, in die unser praktisches Verhalten, unser Leben, nicht wieder eindringen kann. Die gegenwärtige Begeisterung für Naturvölker und Schamanen scheint mir mehr Hilferuf als Perspektive zu sein. Sicher wird es uns nachdenklich stimmen, wenn wir ein Buch über Jäger und Sammler lesen, aber wir selbst können nicht wieder zum Jäger und Sammler werden, und es hilft auch nichts, mit dem Rucksack Kreta zu durchwandern und unter freiem Himmel am Strand zu übernachten. Ebensowenig kann ein Erwachsener sich verjüngen, indem er sich kindisch verhält. Einen *Stadtindianer* gibt es nicht und kann es nicht geben, das Wort ist ein Widerspruch in sich!

Aus alledem folgt aber nicht, daß wir gar nichts mehr tun können. Es könnte zwar sein, daß es nicht viel ist, was uns an Möglichkeiten noch bleibt. Vielleicht ist es schon fünf *nach* Zwölf, vielleicht ist die letzte Stunde schon eingeläutet: maybe, the human race is run (Pink Floyd). Ich weiß es nicht zu sagen, ob es so ist, aber es spricht mehr dafür als dagegen.

Dies alles mag pessimistisch klingen, zugegeben, aber dann handelt es sich um einen sehr realistischen Pessimismus. Zur selbstgefälligen Siegeszuversicht nach dem Motto: „Wir werden es schon schaffen", besteht wenig Anlaß; und die Marxsche These, daß die Menschheit im Verlauf ihrer Geschichte sich selber immer nur die Probleme stellt, zu deren Lösung sie auch schon die Mittel bereithält, wirkt angesichts der Atomkriegsgefahr eigentümlich fade und abgeschmackt.

Vielleicht werden wir die Geister, die wir gerufen haben, wirklich nicht mehr los. Vielleicht haben wir Probleme geschaffen, die wir nicht mehr lösen können. Niemand kann es genau wissen – aber die Frage darf kein Tabu mehr sein. „Du hast keine Chance, aber nutze sie!"

Wenn wir diese zwiespältige Situation betrachten, in die wir offenkundig geraten sind, dann können wir auch feststellen, daß es an Warnungen nicht gemangelt hat. Greifen wir zum Beispiel Hermann Hesse aus dem Chor der mahnenden Stimmen heraus. 1960, zwei Jahre vor seinem Tod, hat er geschrieben:

„Wir sehen die Weltgeschichte, das heißt die Geschichte unseres Weltalters, in hypertrophischen Staatengebilden, in sinnlosen Materialschlachten, in der Ausrottung unzähliger Tier- und Pflanzenarten, dem Hinwelken des Schönen und Wohltuenden im Bild der Städte und Länder, im Gestank der Fabriken, dem Erkranken der Gewässer, und nicht minder im Erkranken und Hinwelken der Sprachen, der Werte, der Worte, der Denk- und Glaubenssysteme hinsiechen. Und daß diesen still und rasch sich beschleunigenden Zerfall eine blendende Hochentwicklung der technischen Intelligenz und Leistung gegenübersteht, daß wir uns von der Zentrifuge unseres mechanisierten Daseins nächstens in den Weltraum schleudern lassen können, das scheint mehr den Massen als den Denkenden ein Trost zu sein."

Lese ich heute diese eindringliche, mehr als fünfundzwanzig Jahre alte Prophezeihung, dann wird mir schwindlig: Wie unbeeinflußt ist doch, allen Einwänden zum Trotz, der Weltenlauf weitergegangen, unbeirrbar auf den Abgrund zu. Die von Fritjof Capra verheißene „Wendezeit" vermag ich bislang nicht wahrzunehmen; und ob die von Robert Jungk erhofften „Menschenbeben" die Erdbeben der Zukunft werden aufhalten können, ist wohl noch nicht ausgemacht. Ich halte es da eher mit Bertolt Brecht: „Bei den Erdbeben, die da kommen werden, werde ich mir hoffentlich meine Virginia nicht ausgehen lassen durch Bitterkeit!"

Mein Büchlein verzichtet ganz bewußt darauf, die Einzeltatbestände der Umweltvernichtung aufzulisten. Dafür ist, will mir scheinen, heute nur noch geringer Bedarf vorhanden. Zum Thema Umweltverschmutzung liegen schon sehr viele hervorragende Bücher vor. In detaillierten, tiefgreifenden Untersuchungen werden Fakten und Zusammenhänge zu Themen wie Gift in der Nahrung, Wasserverschmutzung, Saurer Regen und Waldsterben etc. etc. dargestellt und erläutert. Niemand von uns, und auch kein Politiker, wird in zwanzig oder dreißig Jahren sagen können, er habe von alledem nichts gewußt.

Woran es vielleicht noch mangelt – und hier setzt mein Buch ein, das keineswegs zu den oben genannten Analysen noch die hundertunderste hinzufügen möchte –, ist das Gefuhl des Zusammenhanges, die Synthese. Dies ist sehr begreiflich, denn der wissenschaftlich geschulte Verstand, wie er ja auch der Ökologiebewegung die Feder führt, ist gewohnt zu abstrahieren, Teilbereiche unter vereinfachten Bedingungen zu überprüfen und so fort. Der Sinn für das Ganze, für die innere Verbindung der einzelnen, in der Analyse künstlich auseinandergerissenen Bereiche, ist weit mehr eine Sache des Gefühls – und diese Art von Gefühl ist dem modernen Menschen gründlich abhanden gekommen.

Man mag nun darüber jammern und lamentieren, dies nützt alles nichts. Wir haben nur diese Erde, und was zur Debatte steht, ist die Zukunft des gesamten Planeten, das Überleben der Biosphäre überhaupt. Damit bekommt, wie ich meine, auch der Begriff der Verantwortung eine neue Dimension: Ob Atomkrieg oder Umweltkatastrophe – da ist keine zweite Erde, auf der wir aus unseren Fehlern noch lernen könnten, wenn wir diesen Planeten vernichtet haben.

Worum es geht, ist die Sensibilität für den Zusammenhang, für das Insgesamt, das Ineinander von Mensch und Biosphäre. Dieses Miteinander der gesamten Erde als ein mit unendlich vielen Fäden verknüpftes und vernetztes System ist keine romantische Schwärmerei, sondern läßt sich mit einer Vielzahl von harten, wissenschaftlich gesicherten Fakten untermauern. Einiges davon werde ich im ersten Teil dieses Buches anführen, freilich nur als Illustration. Wer sich gründlich informieren will, kann sich auf eine schier unübersehbare Fülle von Fachliteratur stützen. Ich werde diese Fakten insoweit heranziehen, als sie meine Zentralthese unterstreichen, daß nämlich der Welt eine *Gesamtkatastrophe* droht, und zwar schon bald. Dann werde ich untersuchen, warum die Einsicht, daß nur durch radikale, umfassende und sofortige Maßnahmen Abhilfe geschaffen werden kann, der Menschheit so überaus schwerfällt.

Mein Deutschland

Ein Fotoessay
von Hartmut Ciesla-Andresen

Der deutsche Weinberg

Der deutsche Wald

Der deutsche Strand

Die deutsche Allee

Der deutsche Spielplatz

Der deutsche Fortschritt

Die deutsche Wiese

Die deutsche Kirche

Der deutsche Himmel

Einheit der Biosphäre und Summation der Gewalt

I.

Wir saßen miteinander im Garten.

„Eigentlich ist die Erde doch ein schöner Planet", sagte mein Freund. „Schade, daß wir alles daransetzen, sie zu zerstören."

Gerade zwei Minuten zuvor hatten wir in einer Radiosendung vernommen, daß in den hessischen Wäldern nur noch die Minderzahl der Bäume gesund ist und daß sich das Tempo des Waldsterbens in den nächsten Monaten und Jahren noch drastisch beschleunigen wird.

Oft fahre ich über den Rhein in die Hügellandschaft des Taunus, um dort spazierenzugehen. Doch die Wälder auf der anderen Seite des Rheins werden in zwanzig Jahren nicht mehr existieren. Statt in den Rheingau zu fahren, werde ich mich dann wohl vor den Fernseher setzen müssen, um mir auf Videocasetten betrachten zu können, wie die Landschaft früher einmal ausgesehen hat.

Schon bald werden wir in einem Land ohne Bäume leben. Vielleicht wird man riesige Reservate unter schützenden Glaskuppeln anlegen, sorgfaltig belüftet und klimatisiert, und wir können dort noch einige sorgsam gehegte Einzelstücke bewundern: Tanne, Fichte, Ulme – lebende Fossile wie die Auerochsen im Münchner Tierpark Hellabrunn. Und unsere Enkel, die wir durch diese keimfreien botanischen Gärten führen, werden sich langweilen und uns fragen: „Wie war das denn früher, Großvater, als es noch richtige Bäume gab?"

Hochwasser werden zusehends heftiger

Der kranke Bergwald wirkt nicht mehr als Schutz und Schwamm

Von unserem Redaktionsmitglied Christian Schütze

Die Hochwasserschäden in Tirol und Oberbayern haben in dramatischer Weise an die Bedeutung von *Schutzwäldern* im Gebirge erinnert. Diese sind aufs höchste gefährdet. Alois Glück, der Vorsitzende des Umweltausschusses im Bayerischen Landtag, hat energische Maßnahmen zur Rettung des Bergwaldes gefordert. Neue Infrarot-Luftaufnahmen sollten gemacht und mit denen von 1983 verglichen werden. Danach wäre der Zustand der Wälder zu kartieren und eine Dringlichkeitsliste aufzustellen, damit an den Orten der größten Gefährdung sofort eingegriffen werden kann.

Der Bergwald ist besonders empfindlich und besonders nützlich. In Hoch- und Steillagen können sich nur Bäume behaupten, die dort nach der Eiszeit natürlich zugewandert sind. Der *naturnahe* Bergmischwald, dessen verschiedene Baumarten den Waldboden vielfältig durchwurzeln und damit halten, ist selten geworden. Um 1800 waren noch zwei Drittel aller Gebirgswälder von diesem Typ, 1880 noch ein Drittel, heute sind es zehn Prozent. Die Fichte, der „Brotbaum" der Forstwirtschaft, wurde begünstigt. Obwohl das amtliche Waldbauziel seit Jahrzehnten der Bergmischwald ist, kommt man ihm kaum näher. Überhöhte Wildbestände besorgen immer wieder die Entmischung. Junge Laubbäume schmecken besser als die stacheligen Fichten, die zwar auch gefressen werden, aber erst in der Not. Eine Naturverjüngung des Waldes, außerhalb von teuren Zäunen, gibt es kaum noch. Der alte Bergwald stirbt an Überalterung und an Luftverschmutzung, der junge wird gefressen.

In Bayern gibt es rund 10 000 Hektar Lawinenschutzwald. Ein Hektar künstlicher Lawinenschutz in einer Steillage kostet aber bis zu einer Million Mark. Weiter jedoch als Lawinen reicht die Wirkung von Sommerhochwassern, wie das jüngste Beispiel zeigt. Wo der Wald *licht* wird, wie es zur Zeit durch Absterben der alten Bäume geschieht, wächst Gras, auf dem starker Regen rasch abfließt. Wo die Grasnarbe durch rutschenden Schnee und mitgeführte Stämme oder Steine aufgerissen wurde, bildet sich ein Loch; das rinnende Wasser kann angreifen. Die Erosion beginnt.

Bis in die Mitte des 19. Jahrhunderts war der Gebirgswald der Schweiz in der freien Verfügung privater Besitzer und wurde rücksichtslos abgeholzt. Nachdem 1834, 1837 und 1868 gewaltige Schlammlawinen Hunderte von Todesopfern gefordert hatten, wurden Gesetze zum Schutz der Bergwälder erlassen. Das Bayerische Landwirtschaftsministerium verlangte 1984 in einer Broschüre „Wald in Gefahr" die beschleunigte Ausweisung von *Bannwald*, die Ablösung von Waldweiderechten (Almvieh trägt durch Schädigung des natürlichen Baumnachwuchses viel zur Vergreisung der Bergwälder bei) und die Reduzierung der Schalenwildbestände. Ministerpräsident Strauß äußerte sich in einem Brief vom 10. März 1984 an den Bund Naturschutz ähnlich.

Die Zahl der von Geröll- und Schneelawinen gefährdeten Orte und Straßen wächst mit der Erschließung der Alpen unaufhörlich, indes der natürliche Schutz immer hinfälliger wird. Die Hochwasser werden *heftiger* und tragen den Schaden ins Flachland hinaus. Wenn der Bergwald nicht sofort von Luftgiften und Wild gerettet wird, werden sogenannte „Wetterkatastrophen" bald die Regel sein.

Süddeutsche Zeitung vom 12. 8. 1985

Genau so wird es kommen: Die Alpenstraßen durch Erdrutsche verschüttet, weil die Erosion nicht mehr durch den Bergwald verhindert wird. Zweimal im Jahr überschwemmen meterhohe Fluten die oberbayrische Schotterebene. Im Sommer herrscht Dürre, die Landwirtschaft kann nur noch über einen kleinen Teil der derzeitigen Anbaufläche verfügen, und dieser acker- und obstbaulich nutzbare Rest wird von katastrophalen Mißernten gepeinigt. Die Sonne ist kaum noch zu sehen, so staubig ist die

Schweizer Bergwald stirbt

Bundesamt warnt vor fehlendem Schutz gegen Schneelawinen

Von unserem Korrespondenten Peter Amstutz

BERN, 28. November. „Viele Bergwälder werden sich bis in einigen Jahren ähnlich einem von Motten zerfressenen Fell präsentieren. Dadurch werden die Schutzwirkungen gegen Lawinen, Steinschlag, Rutschungen, Erosionen und Hochwasser zunehmend vermindert." Davor warnte am Donnerstag das Schweizer Bundesamt für Forstwesen und Landschaftsschutz in Bern, nachdem die Behörde ihren Waldschadensbericht 1985 vorgelegt hatte. Auf Grund von Stichproben kommt das Amt zum Schluß: „Im gesamtschweizerischen Durchschnitt waren im Sommer 1985 rund 36 Prozent der Bäume geschädigt. Während die immergrünen Nadelhölzer gegenüber 1984 keine Veränderung aufweisen, liegt der Anteil der geschädigten Bäume bei den wechselgrünen Laubhölzern um zwei Prozent höher als im Vorjahr. In den Berggebieten sind im Durchschnitt 42 Prozent der Bäume geschädigt, in den Tieflagen sind es 27 Prozent."

Zu den Ursachen des Waldsterbens im Schweizer Alpenraum äußert sich das Bundesamt zurückhaltend. In den Berggebieten stehe der Forderung nach dem Schutz von Siedlungen, Verkehrsträgern und Anlagen für den Tourismus ein zunehmend labiler Wald gegenüber, wird festgestellt. Und „Voraussetzung für die Bekämpfung des Waldsterbens ist die Verminderung der pflanzengiftigen Luftfremdstoffe." Gegenwärtig ließen sich bloß die Folgewirkungen des Waldsterbens in der Schweiz verzögern, und zwar durch „sinnvolle forstliche Maßnahmen" wie: „fachgerechte Pflege des Gebirgswaldes, zeitgerechte Bekämpfung der Schädlinge und Krankheiten, rasche Erneuerung und Wiederherstellung der geschädigten Waldflächen durch Verjüngung sowie Reduktion der Wildbestände auf ein waldbaulich tragbares Maß."

In den Schweizer Wäldern seien gegenwärtig überdurchschnittlich viele Infektionskrankheiten und Schädlinge festzustellen, besonders in Lagen über 900 Metern. Auch, habe man erstmals Waldkrankheiten bisher unbekannter Natur beobachtet. „Es ist zu bedenken", alarmiert das Bundesamt in Bern Regierung und Öffentlichkeit, „daß die Schutzwirkungen der Bergwälder für die Schweiz von existenzieller Bedeutung sind."

Frankfurter Rundschau vom 29.11. 1985

Luft. Der Grundwasserspiegel sackt ab, Trinkwasser wird Mangelware, die Industrie steht still wegen Brauch- und Kühlwassermangel. Fremdenverkehr gibt es schon lange nicht mehr. Das Klima ähnelt dem der Steppe: Im Sommer brennend heiß, im Winter sehr kalt. Eine menschenfeindliche Welt. Horrorvisionen? Nein – Möglichkeiten, die der Bayerische Forstverein bei seiner Jahrestagung in Würzburg 1983 ernsthaft erörterte. Genau so wird es kommen. Und wir sehen tatenlos zu.

II.

Unsere Erde ist der einzige belebte Himmelskörper unter jenen Planeten, die das Zentralgestirn Sonne umkreisen.

Diese Erde ist jetzt knapp fünf Milliarden Jahre alt. Schon recht kurze Zeit nach ihrer Entstehung, vor rund dreieinhalb Milliarden Jahren, läßt sich erstes Leben in Form von Bakterien und Algen nachweisen. Seither durchzieht ein ununterbrochener lebendiger Strom die Jahrmillionen der Geschichte und bildet die Gesamtheit des Lebens: die Biosphäre, wie sie in unserem Sonnensystem einzigartig ist.

Relativ spät taucht der Mensch in diesem Lebensstrom auf: vielleicht vor 2 Millionen Jahren; wir wissen es nicht genau. 99 Prozent seiner Geschichte lebte der Mensch als Jäger und Sammler: Seßhaftwerdung, Landaufteilung, Ackerbau und Viehzucht, Dorf- und Stadtgründungen – dies alles sind Ereignisse, die vom Standpunkt der Erdgeschichte gerade eben erst stattgefunden haben.

Lebendigen Organismen – Bakterium, Pflanze, Mensch und Tier – ist eines gemeinsam: Sie sind darauf angewiesen, sich den Bedingungen der vorgefundenen Umwelt anzupassen, sobald diese einmal die Entstehung des Lebens gestattet haben. In der Evolution der Arten überleben auf Dauer nur jene Lebewesen, denen diese Anpassung am besten gelingt.

Die natürliche Umwelt dieser Erde, in die alle Lebewesen mehr oder weniger gut eingepaßt sind, ermöglicht also die Entstehung des Lebens (anders als auf den anderen Planeten, wo es entweder zu heiß oder zu kalt ist, wo keine geeignete Atmosphäre existiert etc.), aber sie ist keineswegs grundsätzlich gesund; im Gegenteil, sie ist voller Gifte, Schadstoffe und Gefahrenquellen. Sie legt dem Leben Hindernisse in den Weg, und jeder lebendige Organismus hat sich damit auseinanderzusetzen, wie sich der Lebensstrom auch insgesamt mit diesen Hindernissen auseinandersetzt, indem er immer neue Arten hervorbringt, aus denen die Natur die erfolgreichsten auswählt. Derartige Anpassungen können sich natürlich nur vollziehen, wenn die Umgebung sich nicht schlagartig verändert. Ein solch plötzlicher Wechsel hat z. B. vor rund 65 Millionen Jahren, am Ende der Kreidezeit, die Erde heimgesucht und zu einem Massensterben geführt, das viele Tier- und Pflanzenarten ausrottete. Die Ursache dieser einschneidenden Veränderung ist noch nicht bekannt; vielleicht hat damals ein großer Asteroid oder ein Komet die Erde getroffen. Ungleich tiefergreifend noch wären die Auswirkungen eines Atomkrieges, der allerdings keine Naturkatastrophe, sondern ein menschengemachtes Übel darstellt. Er würde die Biosphäre drastisch dezimieren, wenn nicht gar ganz vernichten; von jener Spezies, die sich in unangemessenem Dünkel Homo sapiens nennt, bliebe wohl nichts mehr übrig. Da Küchenschaben vielfach strahlenresistenter sind als Menschen, könnten sie vielleicht das nukleare Inferno überstehen; Küchenschaben würden also den Lebensstrom durch die Weltgeschichte tragen, wenn der Mensch sich erst einmal selber ausgerottet hat, und man kann sich durchaus fragen, ob dies für die Erde insgesamt nicht die bessere Lösung wäre.

III.

Wenn Menschen oder Tiere aus einer Wasserquelle trinken, sind sie nicht nur von Raubfeinden bedroht, die sich diesen Moment der Wehrlosigkeit zunutze machen könnten. Wir können auch niemals völlig sicher sein, daß das Wasser wirklich bekömmlich ist, denn unsere Sinnesorgane, die unter anderem Farbe und Geruch des Wassers prüfen, reichen nicht aus, um alle Schadstoffe auszuschließen; wir können z. B. nicht ohne weiteres erkennen, ob das Wasser mit Bakterien oder Schwermetallen angereichert ist.

Aus diesem Grunde haben alle höheren Lebewesen in ihrem Organismus eine innere Struktur entwickelt, die auch mit einer großen Portion einverleibter Schadstoffe fertig wird. Wenn wir mit dem Quellwasser eine Menge Salmonellen aufnehmen, wird uns zwar übel und wir erkranken an einer „Darmgrippe“, aber wir sterben nicht – jedenfalls nicht, solange die Schadstoffmenge unter einer kritischen Dosis bleibt.

Dieses innere Millieu, die *Abwehrlage* des Organismus, hat sich in der Evolution der Lebewesen über Jahrmillionen hinweg bis zu seinem heutigen Funktionsniveau herangebildet. Nun wissen wir alle, daß manche Schädigungen die Abwehrkräfte des Körpers überfordern. Dies gilt besonders dann, wenn die Abwehrlage des Individuums bereits vorgeschädigt ist oder wenn akut verschiedene Schäden zusammenwirken. Daß eine harmlose Grippe einen bettlägerigen Greis töten kann, ist bekannt. Daß eine seelische Krise eine fast ausgeheilte Tuberkulose wieder aufflammen läßt, ist ebenfalls oft beobachtet und in der Literatur als Motiv häufig benutzt worden. Und bei einer Cholera-Impfung, die dem Körper abgeschwächte Krankheitserreger zuführt, rät der Arzt (wie bei anderen Impfungen auch), keinen Alkohol zu trinken und Leistungssport zu vermeiden. In allen Fällen handelt es sich also um eine Summation von Schadensreizen, die die Abwehrkräfte des Organismus zu überfordern droht.

IV.

Wir erleben heute eine tiefgreifende Umweltkrise. Der wahre Motor dieser krisenhaften Entwicklung sind aber *Summationsphänomene* jener oben geschilderten Art. Wir erleben eine Summation, eine wechselseitige Verstärkung von Schädigungen; all die großen und kleinen Gewalttaten, die wir der Erde in den rund hundert Jahrhunderten seit der neolithischen Revolution angetan haben, wirken jetzt auf einmal zusammen, wenden sich gegen ihre Urheber: Autoabgase, Kraftwerksemissionen, Staubbelastung der Luft, Senkung des Grundwasserspiegels bei gleichzeitiger Wasserverschmutzung, Waldabholzung und Bodenerosion, Bodenauslaugung, Bodenüberdüngung und Bodenversalzung – all dies und noch vieles andere wirkt unheilvoll zusammen und überfordert die Widerstandskräfte der Organismen. Der Wald stirbt zuerst. „Komplexerkrankung" nennt der Forstwirtschaftler Peter Schütt das Waldsterben; eine gut gewählte, wenig hoffnungsfroh stimmende Bezeichnung, da sie deutlich macht, daß der Wald nicht an einem Einzelerreger (einem Bakterium, einer bestimmten chemischen Verbindung) zugrunde geht, sondern an einem ganzen Ursachenbündel, das wir selbst durch unsere derzeitige Lebensform fest zusammengeschnürt haben. Und dieses Waldsterben ist ja seinerseits bloß Symptom einer umfassenden Existenzkrise der gesamten Pflanzenwelt, ja der gesamten Biosphäre. Der Mensch hat, als Parasit, an dem die Welt zugrunde zu gehen droht, seine natürliche Umwelt derart einschneidend verändert, daß er dabei auch seine eigene Anpassung an die Natur (die Jahrtausende gut funktionierte) mutwillig zerstörte. Wir fühlen uns als die Krone des Schöpfungsbaumes, doch in Wahrheit sägen wir den ganzen Baum ab und damit auch den Ast, auf dem wir selber sitzen. Der Mensch hat die biblische Weisung, sich die Erde untertan zu machen und über alles Getier zu herrschen (Genesis 1.28), offenbar als Freibrief verstanden, diese Welt zugrunde zu richten.

V.

Aber wir brauchen gar nicht auf den sterbenden Wald zu blicken, um erkennen zu können, wie durch die Summation der von menschlicher Gewalt gesetzten Schädigungen eine immer lebensfeindlichere Umwelt entsteht. Wir können dies ohne weiteres buchstäblich am eigenen Leibe erfahren: An der Zunahme der allergischen und Autoimmun-Erkrankungen; der Erkrankungen der oberen Luftwege, zum Beispiel der kindlichen Atemwegs-Krämpfe (Pseudo-Krupp), die direkt mit der Luftverschmutzung zusammenhängen; der Hauterkrankungen (z. B. der Gewerbeekzeme d. h. der durch berufsbedingte Kontaktstoffe verursachten Hautkrankheiten); der Krebserkrankungen, insbesondere der Leukämien.

Bleiben wir beim Beispiel der Allergien: Deren immer häufigeres Auftreten ist eine direkte Folge der menschlichen Umweltmanipulationen. Es gibt heute rund fünf Millionen Stoffe, die in der Natur nicht vorkommen, die vom Menschen künstlich hergestellt (synthetisiert) werden, und jedes Jahr bescheren uns die Großlabors der chemischen Industrie mehr als zweihunderttausend neue Substanzen dazu. Man schätzt, daß der Mensch im Verlauf seines Erdenlebens heute mit rund siebzigtausend solcher Kunst-Stoffe in Berührung kommt. Nun sind die meisten dieser Substanzen zwar hinsichtlich ihrer erwünschten Wirkung getestet, z. B. um uns als Bestandteil eines Waschmittels ein noch weißeres Weiß zu bescheren, aber eine umfassende Kenntnis möglicher schädlicher Nebenwirkungen existiert natürlich nicht. Es ist auch ohne weiteres erklärlich, wieso sich bei dieser Substanzmenge auch bei gründlichster Testung für die meisten Allergien kein Auslöser finden läßt. Bleibt nun auch der die Allergie auslösende Stoff oft genug im dunkeln, so ist andererseits eindeutig, daß die gesundheitsschädlichen Folgen wachsen, wenn noch andere Schadwirkungen hinzutreten. Allergien können dann zum Beispiel bakteriellen Infektionen den Weg bahnen; ohne Vorschädigung hätten die Abwehrkräfte des Körpers ausgereicht, den Erreger zu unterdrücken. Es kommt zu sogenannten „opportunistischen“ Infektionen. Schadstoffe wirken zusammen (Synergismus) und die Überbelastung,

Überbeanspruchung des Körpers und seiner Anpassungsfähigkeit ist das Ergebnis – schon im Medizinstudium lernte ich, daß Erkrankungen der oberen Luftwege im Rhein-Main-Gebiet mit seiner tiefgreifenden ökologischen Krise, seiner hohen Staubbelastung, seiner Waldvernichtung und Straßengigantomanie besonders häufig auftreten.

Wir überladen die Natur mit Substanzen, deren Auswirkungen auf den Haushalt der Welt und des Lebens niemals umfassend untersucht worden ist, deren Zusammenwirken mit den vielen hunderttausend anderen Chemikalien völlig unbekannt ist und deren Abbauprodukte im Dunkel bleiben – bis wieder einmal eine neue, rätselhafte Erkrankung auftritt und die fieberhafte Suche nach dem „Erreger" beginnt. Aber welcher Prozeß, welche Schädigung bahnt dem Erreger den Weg?

Würde Muttermilch unter die Bestimmungen des Lebensmittelrechtes fallen, sie müßte als gesundheitsschädlich aus dem Handel gezogen werden. Es ist albern, aus dieser Tatsache Einwände gegen das Stillen abzuleiten – zeigt sie doch im Grunde nichts anderes, als welchem gewaltigen Zusammenwirken schädigender Einflüsse der menschliche Organismus heute ausgesetzt ist, die hier, quasi in konzentrierter Form, lediglich gebündelt auftreten. Im normalen Leben werden wir dieser Schadensmannigfaltigkeit bloß weniger gewahr, sie scheint „entzerrt", aber in ihrem Zusammenspiel aller Faktoren ist sie natürlich dennoch vorhanden.

Zurück zu den Allergien, deren massenhaftes Auftreten ein direkter Indikator für die Überladung unserer Umwelt mit Schadstoffen ist. Auch hier läßt sich zeigen, wie alles zusammenwirkt: Denn wenn die luftreinigende, staubvermindernde Funktion der Pflanzen, insbesondere der Wälder, erst einmal durch einen weitgehenden Vegetationstod drastisch vermindert worden ist, werden diese Erkrankungen, wie sich unschwer vorhersagen läßt, eine schier seuchenartige Zunahme erfahren.

25 Millionen Allergiker in der Bundesrepublik

Rund 25 Millionen Bundesbürger sind nach einer repräsentativen Untersuchung des Bonner Instituts für angewandte Sozialwissenschaften (Infas) Allergiker. Dies berichteten kürzlich in Düsseldorf Mediziner des Allergiker- und Asthmatikerbundes Mönchengladbach. Sie hatten die Infas-Umfrage in Auftrag gegeben. 66 Prozent der Erkrankten sind danach Frauen. Die Ärzte warnten davor, die „Volkskrankheit" noch länger zu „verniedlichen". Der überwiegende Teil der Allergiker, so zeigt die Studie, kommt erst dann zum Arzt, wenn die Krankheit bereits mehr als fünf Jahre besteht. Unbehandelt können allergische Erkrankungen zu Organschaden mit chronischen Krankheitsbildern führen. Nach Ansicht von Wolfgang Jorde, Sprecher des Allergikerbundes, wirft die Diskussion über die sterbenden Wälder auch die Frage auf: „Wie krank ist eigentlich der Mensch? Was an Bäumen, Sträuchern und Pflanzen nicht spurlos vorübergeht, kann den Menschen doch auch nicht unberührt lassen. Fest steht, daß die sich zunehmend verändernde Umwelt das Risiko einer allergischen Erkrankung erhöht." dpa/fwt

(Süddeutsche Zeitung vom 26.12. 1984)

Gleiches kann für die malignen Bluterkrankungen, zumindest jedenfalls für einige Formen von Blutkrebs, durchaus vermutet werden. Die Umweltbelastung spielt bei diesen Krankheiten sicherlich eine bahnende, risikoverschärfende, verschlimmernde Rolle, wenn sie nicht überhaupt ins Ursachengefüge miteingebaut ist.

Eine ganze Fülle menschlicher Leiden könnte man also mit Fug und Recht wie das Waldsterben als „Komplexkrankheiten" bezeichnen, und es ist nicht schwer, vorauszusehen, daß solche Komplexerkrankungen in naher Zukunft rapide um sich greifen werden. Auch bei AIDS, beim erworbenen Immun-Mangel-Syndrom, dürfte es sich letztlich um ein Summationsphänomen handeln, wobei diverse Schädigungen dem Virus erst den Weg bahnen.

Mit solchen Überladungen und Erschöpfungen körperlicher und seelischer Anpassungsleistungen werden wir in Zukunft sicher gehäuft rechnen müssen. Der herkömmliche theoretische Rahmen der Medizin bedarf somit dringend der Erweiterung, um der Ökologie des Menschen gerecht zu werden, und Heilen im klassischen Sinne wird mehr und mehr zur absurden Flickschusterei. Aber am Beispiel der Zivilisationsseuche AIDS zeigt sich noch etwas anderes: Daß die Menschheit sich mehr über die Leidenden und Sterbenden erregt, die großenteils, wenn auch keineswegs ausschließlich, Homosexuelle sind, als über die Verursacher der Umweltverschmutzung, zählt zu den Grotesken der Gegenwart. „Es gehört zum Mechanismus der Herrschaft, die Erkenntnis des Leidens, das sie provoziert, zu verbieten, und ein gerader Weg führt vom Evangelium der Lebensfreude zur Errichtung von Menschenschlachthäusern so weit hinten in Polen, daß jeder der eigenen Volksgenossen sich einreden kann, er höre die Schmerzensschreie nicht." (Adorno, 1944)

VI.

Die naturwissenschaftlich orientierte Denk- und Handlungsweise hat uns gelehrt, vom Gesamtzusammenhang der Welt zu abstrahieren, immer kleinere Wirklichkeitsausschnitte zu analysieren und experimentell zu begutachten. Im Leben selbst ist uns aber der Zusammenhang des Ganzen unmittelbar gegeben; die Welt ist ein vernetztes System, und weil wir das lange genug vergessen, nein: verdrängt haben, erteilt uns die Natur jetzt drastische, leidvolle Nachhilfestunden. Das Imperium schlägt zurück.

Tier und Pflanze sind unsere Verwandten – und dies ganz und gar nicht in irgendeinem sentimentalen Sinne, sondern als leicht faßliche Realität: Sind sie doch ebenso wie wir Teil des großen Lebensstromes, der durch die Jahrtausende fließt – Stoff von unserem Stoff. Das Beharren auf einer Sonderrolle des Menschen, der sich als Krönung und König der Schöpfung begreift, dazu berufen, an seinen vermeintlichen Untertanen nach Herzenslust herumzumanipulieren, bedroht jetzt die gesamte Biosphäre. So sah es schon der weise Salomo: „Mensch und Tier, sie haben das gleiche Geschick."

Anders herum gesagt: Nach den Pflanzen werden die Tiere sterben, und nach diesen der Mensch. Aber wahrscheinlich werden die Menschen selbst dann noch vom technischen Fortschritt schwärmen, wenn sie beim Verlassen ihrer Häuser Gasmasken anlegen müssen.

Es ist so leicht, die Welt zu zerstören

I.

Vielleicht bewegt Sie aber das bislang Gesagte gar nicht, vielleicht finden meine Worte keinen Widerhall. Es ist ja möglich, daß Sie einen völlig anderen Standpunkt vertreten und denken: Fünf Milliarden Jahre, das ist doch mehr als genug, diese Erde hat wirklich lange existiert, jetzt kann ruhig Schluß sein.

Gegen einen solchen Standpunkt versagen meine Argumente natürlich. Was das praktische Verhalten anbetrifft, sieht es ja ohnehin so aus, als würde diese Auffassung von sehr vielen Menschen geteilt. Eines kann ich Ihnen allerdings versichern: Wenn Sie die genannte Meinung vertreten, sind Sie in einer Hinsicht sehr gut dran: Sie brauchen gar nicht viel zu tun, damit es so kommt, wie Sie es wünschen. Es wird Sie nur ganz geringe Anstrengung kosten, diese Welt als bewohnbaren Planten zu zerstören. Im Grunde genommen genügt es vollauf, wenn Sie so weitermachen wie bisher. Es muß sich gar nichts ändern!

Nehmen wir einmal an, daß Sie jetzt gerade Kaffee kochen. Die Filtertüte, die Sie dabei verwenden, ist ein hervorragender Beitrag zur Vernichtung der tropischen Regenwälder, ebenso wie das Papiertuch, mit dem Sie den verschütteten Kaffee vom Eßtisch wischen. Und die Abholzung der tropischen Regenwälder wiederum ist unerläßlich, um das Weltklima in einer Art und Weise zu verändern, die schon bald sehr unangenehm werden kann. Was den Kaffee selber anbelangt, so denken Sie ruhig auch einmal daran, daß die Länder der Dritten Welt für diese ihre Exportware immer niedrigere Preise erzielen, während sie die Güter, die sie aus unseren Ländern importieren, Kafferöstereien zum Beispiel, immer teurer bezahlen müssen, was die weltweite Wirtschaftskrise und das Nord-Süd-Gefälle natürlich drastisch verschlimmert.

Wie viele Mitbürger, so werden wohl auch Sie nach dem Kaffeegenuß kräftigen Harndrang verspüren; zögern Sie nicht, gehen Sie zur Toilette, und, vor allem: Spülen Sie kräftig nach! Ist es nicht ungeheuer klug, daß wir zur Beseitigung unseres Urins teures, chloriertes, hygienisch reines Trinkwasser verwenden, und zwar, nach DIN-Norm, ganze neun Liter! Sie können aber noch mehr zur zunehmenden Wasserverknappung beitragen – stellen Sie die Kaffeetasse in Ihre Spülmaschine, diese verschmutzt pro Spülgang gut und gerne 40 Liter Trinkwasser, ältere Modelle wesentlich mehr, besonders dann, wenn Sie, wie auch bei Ihrer Waschmaschine, großzügig mit sogenannten Entkalkern umgehen. Die Maschinen leben dann zwar etwas länger, die Gewässer aber wesentlich kürzer. Diesen höchst wünschenswerten Effekt können Sie übrigens noch verstärken, indem Sie möglichst viele Haushaltsreiniger, Putzmittel und andere Chemikalien verwenden. Benutzen Sie diese noch in Form einer Spraydose, so leisten Sie zugleich noch eine unerläßlich Hilfe zur Schädigung der Erdatmosphäre. Am besten ist es freilich, Sie fahren heute in eine Autowaschanlage, da können Sie auf einen Schlag rund 200 Liter Trinkwasser verschmutzen. Das Auto sauber, die Flüsse verdreckt – ein wichtiger Schritt zur Verschärfung unserer Umweltkrise!

Damit wären wir beim Automobil, ein schier unerschöpflicher Themenkreis! Bei der Fahrt mit dem Auto ins Büro tragen Sie nicht unerheblich zur Luftverschmutzung bei, zum Sterben der Wälder ebenso wie zur Vernichtung sogenannter Baudenkmäler. Das sollte Sie aber nicht hindern, darüber nachzudenken, wie sinnreich konstruiert dieses Verkehrsmittel ist – geradezu ideal zur Zerstörung der Welt. Ein Segen, daß es in der Bundesrepublik schon heute mehr Automobile als Haushalte gibt! Grundsätzlich wären ja etwa zwei PS für die schnelle Beförderung *eines* Menschen völlig ausreichend, wie Motorroller, Bus und Straßenbahn beweisen; das Auto benutzt hierfür jedoch 50 bis 200 Pferdestärken und ist somit zur Energieverschwendung unentbehrlich. Zudem werden durch die Vielzahl von Wracks der heute sehr kurzlebigen Automobile Unmengen kostbarer Rohstoffe in unnachahmlicher Weise vergeudet. Das Auto ist auch insofern wichtig zur Zerstörung der Welt, als es zwar für vier bis fünf Insassen konstruiert, glücklicherweise meist aber nur von Einzelpersonen genutzt wird. Durch die hohen Spitzengeschwindigkeiten, die es erzielen kann, was der Verkehr allerdings leider nur sehr selten zuläßt, kommen schon heute außerordentlich viele Menschen zu Tode, mehrere tausend jährlich alleine in der Bundesrepublik, zwölftausend im Jahre 1983! Und auch unsere Krankenhäuser stünden leer, wenn es keine Autos mehr gäbe.

Wenn Sie nun mit dem Kraftwagen Ihr Büro erreicht haben – völlig zu Recht schimpfen Sie dabei über die viel zu schmalen, ständig verstopften Gassen! was fehlt, sind Straßen! –, schalten Sie an Ihrem Arbeitsplatz bitte sofort die Klimaanlage ein, denn durch dieses hilfreiche Gerät können Sie unter hohem Energieaufwand eine ständig homogene, der Gesundheit keineswegs förderliche Raumtemperatur erzielen. Sollten Sie nun Ingenieur oder Naturwissenschaftler sein, so arbeiten Sie ja in diesem Ihrem Büro ohnehin mit hoher Wahrscheinlichkeit für die Rüstungsindustrie; mehr als die Hälfte Ihrer Berufskollegen tut dies. Es ist ja nur zu wahr, daß wir immer mehr Waffen brauchen, um immer weniger Nahrungsmittel und ähnlich sinnloses Zeug herzustellen – immerhin besitzen wir ja heute die bewundernswerte Fähigkeit, jeden Erdenmenschen mehrfach zu töten, und haben pro Kopf der

Weltbevölkerung bereits erheblich mehr Sprengstoff als Brot angehäuft. 3,5 Tonnen Trinitrotoluol für jedes Weltkind – ist das nicht ein respektabler Beweis für die zukunftsträchtige Wirkung des menschlichen Forschergeistes?

Wenn Sie sich dann von dieser anstrengenden und verantwortungsvollen Tätigkeit erholen müssen, in Ihrer wohlverdienten Mittagspause, dann essen Sie bitte auch heute in einer der üblichen Lokalketten Ihren Burger oder Whopper. Dies ist von großer Wichtigkeit, denn durch die zur Fleischproduktion nötige Rinderzucht werden schon heute weite Areale Südamerikas – und bald auch Afrikas – in Beschlag genommen. Wäre dies nicht so, stünden diese Flächen möglicherweise für den Getreideanbau zur Verfügung, was die Lösung der Welternährungskrise bedeuten könnte – und daran sind Sie ja hoffentlich nicht interessiert. Außerdem wird in diesen Restaurants mit ihren wundervollen Whoppern und Burgern schon allein zum Verpacken der Ware in Plastikmaterial so viel Energie verschwendet, daß mindestens drei Atomkraftwerke zur Bedarfsdeckung nötig sind. Wohl bekomm's! Vergessen Sie bitte auch keinesfalls, nach dem Essen ihre Abführtablette zu nehmen. Unsere moderne, schlackenarme Kost fordert dies. Jeder zwanzigste Stuhlgang in unserem Land wird heute durch Medikamentenwirkung herbeigeführt, was den Siegeszug der modernen Medizin schlaglichtartig erhellt; und falls Sie etwas zum Einschlafen benötigen, scheuen Sie sich nicht: bereits mit jedem zehnten Nachtschlaf verhält es sich ebenso. Aber bevor Sie in die Arme des Schlafes sinken, sollten Sie nicht vergessen, sich im Kabelfernsehen noch einen Tierfilm anzusehen. Je weniger Tiere und Pflanzen es noch gibt, desto mehr Fernsehprogramme benötigen wir, um sie zu Hause betrachten zu können.

II.

Manche Menschen meinen, der drohende Atomkrieg sei sozusagen nur eine enorm komprimierte Zeitrafferaufnahme der weltvernichtenden ökologischen Katastrophe, die uns ins Haus stehe. Obschon ich dieser Meinung zuneige, verdient die vernichtende Wirkung der Atomenergie dann, wenn erörtert wird, wie leicht unsere Welt zerstört werden kann, eine eigene Betrachtung. Auch hier scheinen mir die Worte eines Dichters bedeutungsvoller zu sein als die Erklügelungen der Wissenschaftler, die in den Jahren nach dem Zweiten Weltkrieg allen Ernstes eine Verbreiterung des Panamakanals durch atomare Explosionen ins Auge gefaßt hatten.

Aldous Huxley, ein scharfsichtigerer Prophet als der so häufig überschätzte Orwell, verfaßte 1949 ein neues Vorwort zu seinem siebzehn Jahre zuvor erschienenen utopischen Roman „Schöne neue Welt". Zwischen der Niederschrift des Romanes und dem neuen Vorwort zwei Wendepunkte der Geschichte des Abendlandes: Auschwitz und Hiroshima.

Huxley besaß genug Kraft zur Selbstkritik, um 1949 auf einen Mangel seiner Zukunftsvision hinzuweisen, den er selber für außerordentlich schwerwiegend hielt: Ein völliges Verkennen der zukünftigen Bedeutung der Atomenergie! Deren Rolle bestehe, so Huxley 1949, fortan darin, daß die Menschen entweder „einander zu Stäubchen zersprengen und so der Geschichte ein Ende machen werden", oder aber darin, daß das gesamte Gemeinwesen sich dem Diktat der Atomkraft zu fügen habe: „Alle bestehenden Regeln des menschlichen Lebens werden gesprengt werden, damit sie dem unmenschlichen Sachverhalt der Atomkraft entsprechen. Ein Prokrustes in moderner Gestalt, wird der Atomphysiker das Bett vorbereiten, auf dem die Menschheit wird liegen müssen; und wenn die Menschheit nicht hineinpaßt – desto schlimmer für sie."

Um so schlimmer für die Menschheit, daß sie solchen Warnungen so wenig Gehör schenkte. In den fünfziger Jahren kündete ein Film aus der Werkstatt Walt Disneys mit dem Titel „Unser Freund, das Atom" von den Freuden einer strahlenden Zukunft.
Ungebrochen freilich ist der Ehrgeiz der Forscher und Manager. In der „Endlagerung" des Atommülls, erst recht aber in seiner ins Auge gefaßten „Wiederaufbereitung" müssen die technischen Abläufe für Zeiträume ohne größere Störungen funktionieren, die die Dauer der verschrifteten Menschheitsgeschichte an Umfang weit übertreffen. Eine Gesellschaft, deren Mitglieder Tag für Tag am eigenen Leib erleben, wie unzuverlässig die Wettervorhersage ist, und sich jährlich herauszufinden mühen, warum die Konjunkturprognosen scheiterten, geht nun daran, technologische Einrichtungen zu konzipieren, in denen es für Zehntausende von Jahren keine gravierenden Unglücksfälle geben darf.

Mehr als 15 Milliarden DM für Kernforschung

BONN, 22. Juli (vwd). Die Bundesregierung hat die nukleare Energieforschung in der Bundesrepublik in der Zeit von 1975 bis 1985 mit einem Aufwand von mehr als 15 Milliarden DM gefördert. Wie aus einer in Bonn veröffentlichten Antwort des Bundesforschungsministeriums (BMFT) auf eine parlamentarische Anfrage hervorgeht, bekamen in der genannten Zeit für diesen Zweck 237 verschiedene Institutionen vom Forschungsministerium entsprechende Fördermittel. Den größten Einzelposten aus der Projektförderung für Kernenergie erhielt die Schnell-Brüter-Kernkraftwerksgesellschaft.

Frankfurter Allgemeine Zeitung vom 23. 7. 1986

In drei Jahren 427 Störfälle in deutschen Kernkraftwerken

Bonn (AP)

In den 17 Kernkraftwerken der Bundesrepublik hat es in den Jahren 1982 bis 1984 insgesamt 427 Störfälle gegeben, wobei in mehr als 40 Fällen eine Schnellabschaltung des Reaktors vorgenommen werden mußte, geht aus der Antwort des Staatssekretärs im Bundesinnenministerium, Hans Kroppenstedt, auf eine parlamentarische Anfrage des SPD-Bundestagsabgeordneten Rudolf Schöfberger hervor. Nach Kroppenstedts Antwort ereigneten sich in diesem Dreijahreszeitraum ein Störfall der schwersten Kategorie A, 84 „Vorkommnisse der mittelschweren, ebenfalls meldepflichtigen Kategorie B und 342 Störfälle der Kategorie C, die im Hinblick auf den künftigen Betrieb des jeweiligen Kernkraftwerks den Meldebehörden mitgeteilt werden müssen. Insgesamt haben die Störfälle zu 42 Schnellabschaltungen geführt. 123 „Vorkommnisse“ waren nach Angaben Kroppenstedts auf Komponenten- und Bauteilversagen, 103 auf Bedienung, Wartung, Reparatur und Montage zurückzuführen. Mehr als 190 Störfälle „hätten andere Ursachen, oder die Ursache blieb unbekannt“, heißt es in der Antwort weiter.

Süddeutsche Zeitung vom 24. 6. 1986

Der „Atomstaat“, vor dem Aldous Huxley und später Robert Jungk gewarnt haben, ist schon längst Wirklichkeit. Während die Politiker in Straßburg, Brüssel und anderswo Fensterreden über die europäische Einigung und die Auflockerung der Grenzen halten, verweigert die bayrische Grenzpolizei österreichischen Bürgern die Einreise in die Bundesrepublik, nicht ohne ihre Pässe mit einem entsprechenden Vermerk zu versehen. In einem Land, das den eigenen Freiheitsspielraum allermeist als die Möglichkeit einer schier grenzenlosen Konsumwahl begreift (sofern das nötige Kleingeld vorhanden!), wurde vor dem Genuß von Frischmilch gewarnt, vom Verzehr von Salat und Gemüse abgeraten, galten Wild und Bodenseefische als bedenklich. Da im verseuchten Mairegen von Tschernobyl soviel radioaktive Partikel auf deutsche Lande niedersanken, daß schwangeren Frauen vom Aufenthalt im Freien abgeraten werden mußte, hatte diese Atomkatastrophe auch das vom Grundgesetz garantierte Recht auf freie Bestimmung des Aufenthaltsortes nicht unangetastet gelassen. Freedom dies inch by inch – sollte das in der post-Tschernobyl-Ära nicht besser heißen: Freedom dies Becquerel by Becquerel? Aus dem „Restrisiko", das Techniker und Politiker dereinst als so gering bezifferten, daß sie den „Größten anzunehmenden Unfall" einfach ins Reich der Fabel verwiesen, ist plötzlich die unmittelbare Erfahrung des Todes und der Gesundheitsgefährdung geworden. Nicht nur die Gefahr der Radioaktivität, auch die Unkontrollierbarkeit der Großtechnik, in beschwörenden Ritualen jahrzehntelang verleugnet, zeigte unverhüllt ihr häßliches Medusenhaupt.

Dessen Anblick zu ertragen, ist, wie schon die Sage lehrt, jedermanns Sache nicht. Es liegt nahe, das Erlebnis der vollkommenen Ohnmacht, der zumindest kurzfristig unabänderlichen Auslieferung von sich selber fernzuhalten, abzuspalten. Dazu gibt es verschiedene Möglichkeiten. Das vollkommene Verleugnen jeder Gefahr ist das probateste Mittel: Bei uns könnte derlei niemals geschehen, den deutschen Sicherheitsstandards sei Dank – eine Ausflucht, die freilich im Angesicht der von Staatsekretär Hans Kroppenstedt allein für die Jahre 1982 bis 1984 zugegebenen 427 (sic!) Störfälle in bundesdeutschen Atomkraftwerken doch erheblich am Überzeugungskraft einbüßt.

Eine andere Alternative: Weiterleben wie bisher – aber das Unfaßliche bewältigen! Skurile Auswege bieten sich an und werden auch begangen: Im Fernsehen wurde ein in der Ukraine arbeitender Bundesbürger nach seinem Umgang mit der gefährlichen Situation befragt – und antwortete, fortan müsse er eben das Trinkwasser abkochen! Auch eine Reisegruppe, die entgegen allen Warnungen die

Volksrepublik Polen besuchte, konnte man im Frühjahr 1986 im Fernsehen besichtigen: „Nein, wir haben nichts gesehen" bekannte eine ältere Dame im Interview. „Uns ist nichts Besonderes aufgefallen!"

Angesichts solcher Geistes- und Seelenblindheit schwankt der Chronist zwischen Erheiterung und Entsetzen. Es muß allerdings betont werden, daß in den Stellungnahmen wissenschaftlicher Geistesgrößen meist ein nicht geringeres Maß an Verdrängung und Beschwichtigung zu spüren war. Eine geistige Umkehr hat auch die Reaktorkatastrophe von Tschernobyl bislang nicht eingeleitet. „Nichts ist so unnormal, als daß die Leute nicht versuchen würden, es ihrem normalen Leben einzugliedern" schreibt Doris Lessing und verbirgt nicht, was sie von diesem Treiben hält: „Narrenpossen. Mit Eimerchen und Schaufel gegen eine Sintflut antreten, sich vor dem Spiegel die Krawatte oder das Make-up richten, während das Haus einstürzt ..."

Die Zukunft geht zur Neige

I.

Im vorangegangenen Kapitel habe ich, zum Teil im ironischen Stil einer paradoxen Intervention, noch einmal darlegen wollen, daß die sich anbahnende, sich bereits allenthalben abzeichnende globale Umweltkatastrophe nicht durch einen einzigen Faktor, nicht durch ein besonderes Ereignis, durch eine spezielle Verhaltensweise oder durch einen identifizierbaren *Schadstoff alleine* ins Werk gesetzt wird, sondern durch das *Insgesamt* unserer neuzeitlichen, industriell-großtechnologischen Lebensweise. Mit dieser Daseinsform müßte sofort umfassend gebrochen werden, wenn dem Untergang der belebten Welt, dem Tod der Biosphäre, noch Einhalt geboten werden soll.

Die Erde wird heute von außerordentlich vielen Menschen bevölkert, 4 Milliarden waren es 1975, 5 Milliarden 1986, fast sechs Milliarden Menschen werden es im Jahre 2000 sein. Mexiko-Stadt wird dann nach den Berechnungen der UNO 31,6 Millionen, Tokio-Yokohama 26 Millionen und Kairo 16 Millionen Einwohner zählen. Im Kairo des Jahres 2000 werden also, wenn die Erde dann noch bewohnbar ist, etwa so viel Menschen leben, wie zehntausend Jahre zuvor die gesamte Erdoberfläche bevölkert haben.

Diese riesige Menschenmenge hantiert mit einer Unmenge komplizierter Apparate und Maschinen, mit technischen Anlagen von gigantischen Dimensionen. Während sie auf der einen Seite die Ressourcen dieser Erde unerbittlich aufzehrt (so werden im Jahr 2000 40 Prozent

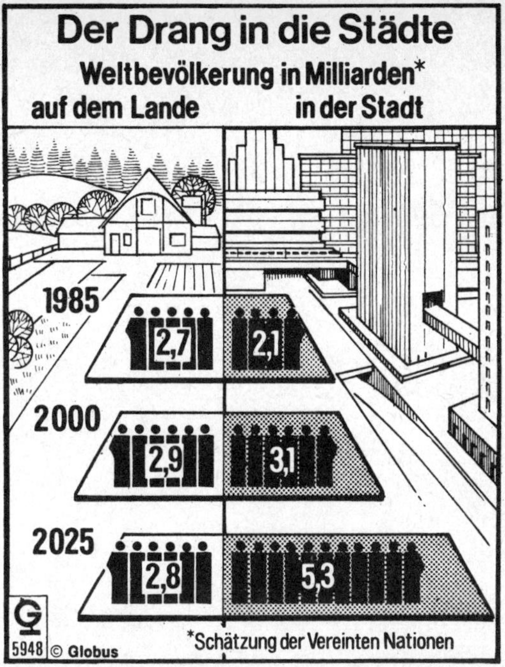

WELTWEITE LANDFLUCHT. *Schon in den vergangenen Jahrhunderten sind Menschen, die in der Landwirtschaft kein Auskommen mehr fanden, in die Städte gezogen. In Zukunft wird sich dieser Zug zur Stadt weltweit noch verstärken. In den Industrieländern ist diese Entwicklung zwar weitgehend abgeschlossen, aber in den Entwicklungsländern hat sie erst begonnen. Nach Berechnungen der Vereinten Nationen leben heute 2,7 Milliarden Menschen auf dem Lande und 2,1 Milliarden in den Städten. In den nächsten 40 Jahren dürfte die Weltbevölkerung um 3,3 Milliarden Menschen zunehmen. Nahezu der gesamte Zuwachs wird in die Städte strömen und deren Bevölkerung bis zum Jahre 2025 voraussichtlich auf 5,3 Milliarden erhöhen.* *(SZ)*

Süddeutsche Zeitung vom 13. 12. 1986

Die Wüsten Asiens werden größer

UNO-Studie nennt Bevölkerungswachstum und zu intensive Bodennutzung als Gründe

Bangkok (AP)

Wüsten und wüstenartige Gebiete breiten sich in Asien und in der pazifischen Region immer weiter aus. Nach Angaben von Fachleuten der Vereinten Nationen ist damit der Lebensunterhalt von mindestens 150 Millionen Menschen bedroht, wenn nicht sogar schon verlorengegangen. Die Ausbreitung der Wüstengebiete steht in engem Zusammenhang mit dem Bevölkerungswachstum und der dadurch bedingten radikalen Ausbeutung des biologischen Potentials des Landes.

Nach Angaben von Ramachandra Deshpande vom Regionalbüro des UNO-Umweltprogramms in Bangkok sind schon 34 Prozent der Landmasse Asiens mehr oder weniger verwüstet. In Australien sind es 75 Prozent, in Afrika 55 Prozent, in Südamerika 20 Prozent, in Nord- und Mittelamerika 19 Prozent und in Europa zwei Prozent. Die Zahl der Menschen, deren Lebensunterhalt direkt von der – auch von der UNO so genannten – „Verwüstung" bedroht ist, ist von 57 Millionen im Jahr 1977 auf derzeit rund 150 Millionen angestiegen. „Wenn die Verwüstung nach ihren Folgen für die Menschen beurteilt wird, so ist der asiatische Raum ganz klar das am schlimmsten betroffene Gebiet", heißt es in einem UNO-Bericht.

China, Indien und Südostasien leiden am meisten unter der fortschreitenden Vernichtung von Ackerland. Obwohl die Verwüstung des Landes noch nicht solche Ausmaße angenommen hat, daß die Ernährung der Bevölkerung in Frage gestellt wäre, „zwingt sie die sich einst selbst versorgende Bevölkerung in Abhängigkeit und Not", sagt Deshpande.

Die Ausbreitung wüstenähnlicher Gebiete hat außerdem eine große Zahl von „Umweltflüchtlingen" geschaffen, wie sie von der UNO genannt werden. Dabei handelt es sich um Bauern, die in andere Gebiete oder sogar andere Länder wandern, weil sie sich von ihrem Land nicht mehr länger ernähren können.

Als Hauptfaktoren für die „Verwüstung" nennen Fachleute der UNO die intensive Bewirtschaftung des Kulturlandes und die Überweidung von Gebieten. Die Ursache sind die immer größer werdende Bevölkerung und die ständig wachsenden Viehherden. Andere Faktoren sind die in Asien weit verbreitete Brandrodung und der Bedarf der Menschen an Bau- und Feuerholz. Dadurch gehen die Wälder, die den Boden vor Erosion schützen, verloren. Der wertvolle Humus wird ins Meer geschwemmt. Andere Gebiete verkarsten durch ungeeignete Bewässerungssysteme, die das Wasser nicht abfließen lassen. Die Folge sind Ansammlungen von Brackwasser und die Versalzung des Bodens. Fachleute klagen, daß die asiatischen Regierungen nur sehr wenig tun, um diese Entwicklung aufzuhalten – und das, was getan wird, ist nach Ansicht der Experten „jämmerlich unzureichend".

Süddeutsche Zeitung vom 30.10. 1986

der in den Entwicklungsländern heute noch vorhandenen Waldflächen verschwunden und 20 Prozent aller heute noch vorhandenen Tier- und Pflanzenarten ausgerottet sein), produziert sie, von den Abfallstoffen einmal ganz abgesehen, eine gewaltige, schier unüberblickbare Menge chemischer Substanzen und Gemische, die es auf diesem Planeten zuvor noch nie gegeben hat und deren Auswirkungen nur zu einem verschwindend geringen Teil überhaupt bekannt sind.

So ist zum Beispiel bisher nirgendwo systematisch untersucht worden – und bei der Menge neusynthetisierter Stoffe wäre dies auch gar nicht möglich –, welche Auswirkungen die in die Umwelt freigesetzten Chemikalien auf die körpereigene Abwehr, auf das Immunsystem, haben. Eine negative Auswirkung auf die Immunabwehr ist bisher von Schwermetallen wie Blei und Quecksilber, von hochkonzentrierten Pestiziden und einigen anderen Stoffen bekannt – auch das Immunglobulin A etwa, das an der Schleimhautoberfläche eindringende Mikroorganismen abfangen soll, wird durch eine ganze Reihe von Medikamenten geschädigt. Wie viele andere Chemikalien ebenfalls schädlich für die körpereigene Abwehr sind, weiß niemand – wir werden es aber in immer stärkerem Maße am eigenen Leibe zu spüren bekommen, wenn, wie im ersten Kapitel skizziert, Summationsphänomene unsere Abwehrkraft immer mehr schwächen und schließlich völlig ruinieren.

Die ruinöse Wirkung solcher Summationsschädigungen läßt sich übrigens nicht nur bei lebendigen Organismen nachweisen. Die Süddeutsche Zeitung vom 4.1. 1984 berichtet über einige vom Bundesforschungsministerium finanzierte Studien, in denen die Schadwirkungen an Stahlbetonbauten untersucht wurden. Darin sei nachgewiesen worden, daß die Beschädigung solcher Stahlbetonkonstruktionen besonders dann anwachse, wenn diese einer starken Luftverschmutzung ausgesetzt seien und wenn sie obendrein unter Bakterienbesiedlung zu leiden hätten. Quasi im Modellversuch konnte dies an Kühltürmen nachgewiesen werden, deren Betoninnenfläche einer besonders starken Beanspruchung durch Schwefeldioxyd und Stickoxyde ausgesetzt ist und in der Folge für Bakterienansiedlung besonders anfällig ist – was wiederum die Verrottung der gesamten Betonfläche beschleunigt.

Jeder Autofahrer hat in den letzten Jahren beobachten

Luftverschmutzung fördert Pflanzenkrankheiten

Auch landwirtschaftliche Nutzpflanzen leiden unter den Luftverunreinigungen. Schadstoffe wie Ozon oder Schwefeldioxyd können ihre Widerstandsfähigkeit gegenüber Pilzkrankheiten erheblich beeinträchtigen. Das haben Untersuchungen bei der Gesellschaft für Strahlen- und Umweltforschung (GSF) in München ergeben. Dort haben Professor Hartmut Fehrmann und Andreas von Tiedemann vom Institut für Pflanzenpathologie und Pflanzenschutz der Universität Göttingen in ersten Experimenten Weizen, Gerste, Ackerbohnen und Reben eine Woche lang verschiedenen Schadstoffen ausgesetzt – in Konzentrationen, wie sie heute durchaus in der Umwelt vorkommen: 120 bis 240 Mikrogramm Ozon und bis zu 300 Mikrogramm Schwefeldioxyd je Kubikmeter Luft. Anschließend wurden die Pflanzen mit den Erregern von neun Blattkrankheiten infiziert. Die Ergebnisse waren deutlich und alarmierend. Vor allem Ozon, aber auch das nur in Spuren vorkommende Peroxyacetylnitrat (PAN) haben die Pflanzen fast ausnahmslos anfälliger gemacht; mitunter war der Befall zehnmal so hoch wie bei Pflanzen, die in gefilterter Reinluft gehalten worden waren. Schwefeldioxyd hatte ähnliche, wenn auch weniger drastische Folgen. Schadstoffgemische wirkten in der Regel noch stärker, als die Addition der einzelnen Wirkungen hätte erwarten lassen. Besonders wichtig erscheint den Göttinger Forschern die Erkenntnis, daß auch Pflanzen, die nur geringen Mengen von Schadstoffen ausgesetzt waren und äußerlich völlig gesund aussahen, sich in ihrer Widerstandskraft als merklich geschwächt erwiesen. Die Belastung durch Luftschadstoffe könnte demnach für die vielfach beklagte Zunahme des „Krankheitsdruckes" in der Landwirtschaft weit mehr Bedeutung haben als bislang vermutet. F.A.Z.

Frankfurter Allgemeine Zeitung vom 1.10. 1986

können, daß – offiziell nicht gerne zugegeben – die Zahl der Wartungs- und Reparaturvorgänge an Autobahnbrükken und ähnlichen Bauwerken dramatisch angestiegen ist. Die Schadwirkung durch Summationseffekte, unter denen Pflanzen, Tiere und Menschen zu leiden haben, macht auch vor den Betonklötzen nicht Halt, mit denen wir unsere Landschaft zerstören.

Was mag da erst langfristig von den ganzen chemischen Reaktionen in unseren Müllkippen zu erwarten sein, auf denen Abfälle aller Art durcheinandergemischt werden? Welche Zerfallsprodukte werden hier frei, und wie wirkt es sich aus, wenn sie ins Grundwasser gelangen? Wer behauptet, all dies sei heute schon en detail bekannt, ist einfach ignorant, und wer vorgibt, all dies sei unter Kontrolle, ist schlicht ein Lügner.

Hierzu will ich, abschließend, noch den folgenden Sachverhalt in Erinnerung rufen:

Die zunehmende Krebsmorbidität und -mortalität wird offiziell einerseits mit dem steigenden Lebensalter der Bevölkerung erklärt (da es mehr alte Leute gibt und da mit zunehmendem Lebensalter die Chance wächst, an Krebs zu erkranken, gibt es eben heute mehr Krebserkrankungen als zu Zeiten mit einer geringeren durchschnittlichen Lebenserwartung) oder aber auch mit der Ausbreitung selbstschädigender Verhaltensweisen (immer mehr Frauen rauchen, deshalb auch immer mehr Lungenkrebsfälle bei den Frauen usw.).

An diesen Hypothesen mag etwas Wahres dran sein oder auch nicht – das ist für unsere Zwecke nicht weiter wichtig. Wichtig ist allein, daß die skizzierten Annahmen ein statistisch eindeutig dokumentiertes Faktum nicht erklären können: die Tatsache, daß die Anzahl *kindlicher Krebserkrankungen sowohl absolut als auch relativ* (das heißt im Verhältnis zur Gesamtkinderzahl) *in beständigem Wachstum begriffen ist.* Diese Tatsache ist erklärungsbedürftig, und eine befriedigende Erklärung dürfte wohl ohne die Einbeziehung schädigender Umwelteinflüsse, insbesondere ohne Anrechnung der Summation solcher Einflüsse, kaum gegeben werden können.

Daß der sich entwickelnde Organismus, sei es innerhalb des Mutterleibes oder nach der Geburt, auf die Fülle der schädigenden Reize ganz besonders empfindlich reagiert, dürfte außer Debatte stehen. Dies ist übrigens auch für eine ganze Reihe von Kinderkrankheiten eindeutig dokumentiert worden, zum Beispiel für das Ansteigen der Zahl kindlicher Atemwegskrämpfe mit zunehmender Luftverschmutzung.

Hier zeigt sich an unserer eigenen Nachkommenschaft, welch düsteres Schicksal sich die Menschheit bereitet. Zug um Zug geht, bedingt durch unsere „fortschrittliche" Lebensweise, die Zukunft zur Neige. Wir greifen in gewaltigem Ausmaß in die vielfältigen und komplizierten Gleichgewichtsprozesse dieser Erde ein, die Jahrmillionen der Entwicklung brauchten, um sich zu stabilisieren – wie ein wahnsinniger Handwerker, der mit einem Preßlufthammer den Gang eines Uhrwerks „verbessern" möchte. Die erwünschten Auswirkungen dieser Eingriffe werden freilich keineswegs immer erreicht: Musterbeispiele größenwahnsinniger Fehlplanungen sind der Assuan-Staudamm in Ägypten und der Trans-Amazonas-Highway in Brasilien: beides Großprojekte, die ihr selbstgestecktes Ziel nicht verwirklichen konnten, dafür aber unübersehbaren Schaden an der Natur angerichtet haben. Der Erfolg bleibt aus, der Schaden bleibt für immer.

Die Verwüstungsfeldzüge, mit denen der Mensch die Natur bekriegt, haben Folgen hinterlassen, die sich kaum noch beseitigen lassen. Die Einwirkungsmöglichkeiten des *Einzelnen* sind, verglichen mit den riesigen Wunden, die die Menschheit als ganze durch ihre derzeitige Lebensform diesem Planeten schlägt, lächerlich gering.

Nehmen wir einmal an, jemand möchte, da er sich über den Zusammenhang zwischen Autoabgasen und saurem

Regen informiert hat und weil er etwas gegen diese Form der Umweltzerstörung unternehmen will, sein mit einem benzinbetriebenen Ottomotor ausgerüstetes Automobil verkaufen und auf ein Dieselfahrzeug umsteigen ... Der Gedankengang ist nicht falsch, die Motivation ehrenwert. Aber die Änderung ist nicht einschneidend genug. Denn der Dieselmotor setzt in seinen Abgasen Nitroaromate frei, die eindeutig krebserregend und erbgutschädigend sind. Es wird also nur eine Zerstörung gegen die andere, vielleicht etwas weniger auffällige, ausgetauscht. Die beste Lösung wäre es wahrscheinlich, überhaupt nicht mehr Auto zu fahren. Aber wer tut das schon? Zumal dann, wenn die Politiker alles tun, um das Angebot der öffentlichen Verkehrsmittel immer weiter zu verschlechtern! So bleibt der Einzelne im naturzerstörerischen Lebenssystem gefangen, auch wenn er ihm zu entrinnen trachtet. Aber was kann man denn dann überhaupt noch tun? Dazu wird am Ende des Buches einiges zu sagen sein; aus meiner skeptischen Grundhaltung will ich freilich kein Hehl machen. Soll die Welt bestehen bleiben, müßten wir – statt mit immer wieder völlig unzureichenden Einzelmaßnahmen hinter den Ereignissen herzulaufen – wahrscheinlich alles auf einmal verändern: Stopp der Kunstdüngung, Verbot der Spritzmittel, Einschränkung des Autoverkehrs, Reduzierung des Wasserverbrauchs ... und dann brauchte die Erde wohl noch immer eine zwanzigjährige Ruhepause, um sich allmählich wieder zu erholen. Aber noch einmal: Ob die Menschheit zu einem derart einschneidenden Umbruch die innere Kraft finden wird? Eine zweite Chance wird es allerdings nicht geben.

II.

Das Problem mag an einem kurzen, überschaubaren Beispiel verdeutlicht werden: am Weinbau. In Europa wird seit

Jahren viel zuviel Wein produziert, die europäische Gemeinschaft ertrinkt in einem Weinsee. Dennoch hört man nicht auf, neue Anbauflächen zu schaffen, durch Flurbereinigung kleine Parzellen zu beseitigen usw. usw. – der ganze Kaiserstuhl ist auf diese Weise ruiniert worden.

Wollte man wirklich das drohende Verhängnis aufhalten, so ergäbe sich hier eine Chance: Weinberge könnten aufgekauft und in Brachland umgewandelt werden; und für die noch betriebenen Weinberge müßten lange Zeiten der Nicht-Nutzung vorgeschrieben werden, damit die Böden sich wieder erholen können. Das ehemalige, durch Chemikaliengebrauch und Monokultur ruinierte „Kulturland" müßte – was für die Gesellschaft sicher erheblich sinnvoller wäre als randvoll gefüllte Weintanks und durch Subventionen gestützte Preise – in „Wildnis" umgewandelt werden; durch gezielte Aufforstungsaktionen könnte dabei zugleich eine Vielzahl von Arbeitsplätzen geschaffen werden.

Daß solche Maßnahmen bei der derzeitigen Agrarpolitik nicht erfolgen werden, ist selbstverständlich. Dies beweist allerdings nicht, daß die skizzierten Maßnahmen sinnlos wären, sondern es zeigt vielmehr den organisierten Irrsinn einer Landwirtschaft, die – wie heute in der Europäischen Gemeinschaft – mehr Geld ausgibt, um Lebensmittel zu vernichten, als um sie herzustellen.

Das Beispiel, das ich hier knapp umrissen habe, läßt sich ohne große Mühe auf andere Bereiche übertragen, z. B. auf die Verkehrspolitik. Insgesamt läuft es immer wieder auf eines hinaus: Das, was wir Zivilisation nennen, dieser Krebsschaden des Planeten, muß, wenn wir überleben wollen, *sofort, umfassend* und *radikal* begrenzt, eingedämmt, ja allmählich zurückgedrängt werden. Und an die Stelle der Zivilisation muß wieder Wildnis treten, soweit dies überhaupt möglich ist. Wir brauchen nicht mehr Weinplantagen, wir brauchen mehr Brachland. Wir brauchen nicht mehr Autos, wir brauchen mehr Bäume.

Aber der Zug der Lemminge geht in die andere Richtung ... „Mit der Welt geht es unaufhaltsam zu Ende, aber dauernd kommen neue Leute nach, die zu dumm sind, um das zu begreifen, und so tun, als fange der Spaß erst richtig an ..." (John Updike)

III.

Es wäre nun sehr leicht – andererseits allerdings auch sehr platt und sehr billig –, den Weg der Menschheit in das selbstverschuldete Verbrechen von oben herab zu glossieren. Falsch wäre es allemal – denn wir alle, also auch der Schreiber dieser Zeilen, marschieren mehr oder weniger munter in diesem Zug der Lemminge mit ...

Halten wir nun wenigstens in diesem Buch einige Augenblicke inne! Bislang habe ich darzustellen versucht, auf welches Ziel der Gang der Geschichte zusteuert – in den Abgrund. Wenn alles so weitergeht wie bisher, hat die ganze Geschichte bald ein Ende. Die Welt ist ein hochkompliziertes Gebilde, das auf jeden unserer gewalttätigen Eingriffe hochempfindlich reagiert, und daß uns dies so lange verborgen geblieben ist, liegt daran, daß wir zwar grobschlächtig genug gewesen sind, einen brutalen Eingriff auf den anderen folgen zu lassen, aber nicht feinfühlig genug, um zu spüren, was wir damit tatsächlich bewirken.

Damit hat es heute freilich ein Ende, denn die Folgen unseres Tuns sind mit den Händen zu greifen. Und dennoch ändert sich so wenig, und das wenige, was sich ändert, geschieht obendrein viel zu langsam.

Woran liegt das alles? Warum ist die Menschheit in fast süchtiger, schier verblendeter Weise auf eine Form des Fortschrittes fixiert, die sie ins Grab zu bringen droht? Der Untersuchung dieser Frage dienen die folgenden Kapitel. Welche Energien speisen die Verwüstungsfeldzüge, mit denen der Mensch seine eigene Heimstatt bekriegt? Was ist das für ein sonderbarer Kriegszustand, in dem wir leben?

Wir haben bereits den Krieg erklärt

I.

Viele Menschen erkennen heute, daß unter all den Bemühungen, die Zerstörung der Welt zu verhindern, der Kampf gegen die Atomkriegsgefahr eine Vorrangstellung einnehmen muß. Viele Menschen sind „friedensbewegt", bewegt von Sorgen über die Bedrohung des Friedens, über den drohenden Krieg – doch viele von ihnen bleiben stekken in Raketenzählerei und Kritik der Waffen, obwohl doch die Kritik bei den *Haltungen* der Menschen beginnen müßte: bei der Haltung der Forscher, die solche Waffen konstruieren und entwickeln, bei der Haltung der Politiker, die ihren Einsatz planen und kalkulieren – und bei der Haltung von uns allen, die wir dies alles erdulden und geschehen lassen.

Übersehen wird nur zu oft, daß wir – was unsere Attitüde gegenüber Natur und Mitmensch anbelangt – nicht im Frieden, sondern im Kriege, mitten im Kriege leben: „Es herrscht immer Krieg in unseren Städten." (Brecht) Oder ist es nicht Kriegsstimmung, wenn Frauen aus Angst vor Vergewaltigung nachts U-Bahn und Stadtzentrum meiden? Wenn sich sechs Ausländer in Abschiebehaft selbst verbrennen, um ihrem Schicksal zu entgehen?

Wenn Frieden mehr bedeuten soll als die bloße Abwesenheit, das Nicht-Stattfinden von Krieg (worin wohl die meisten von uns übereinstimmen werden!), dann leben wir heute offensichtlich in einer friedlosen Welt.

Unter Krieg wird, so das Brockhaus-Lexikon, die „gewaltsame Austragung von Streitigkeiten" zwischen verschiedenen Staaten verstanden. Die differentia specifica, die den so definierten Krieg von anderen Möglichkeiten zur Lösung eines Interessenkonfliktes unterscheidet, ist also das Mittel der Gewalt, ganz im Sinne des preußischen Generales Carl von Clausewitz, der ja bekanntermaßen unter Krieg die Fortführung der Politik mit *anderen* Mitteln verstanden hat. Dieser Krieg ist nur zu begreifen, wenn wir in ihm nichts anderes erkennen als die sichtbare Spitze eines gigantischen Eisberges, der sich aus politischer und sozialer Gewalt formt.

Dies hatte General von Clausewitz ganz richtig gesehen als er von jenen anderen Mitteln sprach – bei offenbar, so muß man folgern, gleichbleibenden Zwecken! Anders herum: Der Zweck, dies scheint ein durchgehendes Motiv der Menschengeschichte zu sein, rechtfertigt, ja heiligt die Mittel – aber, wie schon Albert Camus fragte: „*Und wer heiligt den Zweck?*"

Versuchen wir uns an einer schlichten Phänomenologie der Interaktionen und Beziehungen, so werden wir abermals zu der furchtbaren Hypothese kommen, daß wir mitten im Kriege leben, im Kampf aller gegen alle. Oder ist es nicht Krieg, wenn die Industrieländer den Nationen der Dritten Welt ihre Fertigprodukte zu immer höheren Preisen verkaufen, die Preise der Rohstoffe, die sie aus diesen Ländern beziehen, zugleich systematisch nach unten drükken? Ist es nicht Krieg, wenn multinationale Pharmakonzerne Präparate, die in unseren Ländern nur bei strengster Indikation und unter größter Vorsicht verschrieben werden dürfen, in Afrika, Südamerika und Asien ohne die entsprechenden Warnhinweise weiterverkaufen? Ist es nicht Krieg, wenn im „Jahr des Kindes" (1979) Millionen Kinder an Hunger und Unterernährung sterben, wenn die Zahl der Verhungernden auf diesem Planeten ständig wächst, in häßlichem Gleichklang mit den Rüstungsausgaben? Ist es nicht Krieg, wenn der damalige Chef der Firma Hoffmann-La Roche nach dem Seveso-Unglück vor der Fernsehkamera sagte: „*Kapitalismus bedeutet Fortschritt, und*

Fortschritt kann manchmal auch Unannehmlichkeiten mit sich bringen"?

Gewaltausübung und Macht sind untrennbare Geschwister, denn Macht setzt Befähigung zur Gewalt voraus und legitimiert zugleich deren Fortdauer. Macht ist nun, frei nach Max Weber, die Fähigkeit, einen anderen auch gegen dessen Widerstreben für die eigenen Zwecke einzuspannen. Macht wird also vom Ergebnis her definiert, und Gewalt ist das Mittel, dieses Ergebnis zu erzielen. Uwe Wesel hat Max Webers Definition mit einem der berühmten Pardon-Gedichte geistreich illustriert:

„*Des Abends faßt der Leguan*
so gern die Leguanin an,
was diese, wenngleich ungern, duldet,
weil sie ihm zwei Mark fünfzig schuldet."

Hier wurde bezeichnenderweise ein Beispiel aus der Beziehung zwischen den Geschlechtern herangezogen, um das Phänomen der Nötigung zu erläutern. Nötigung als mehr sublime, und Vergewaltigung als offen-brutale Form der Gewaltausübung setzen ein Machtgefälle voraus, und zugleich einen Konflikt der individuellen und sozialen Interessen, das heißt der jeweils angestrebten Zwecke. Der Satz, daß der Zweck die Mittel heiligt, ist zwar natürlich nur für den unmittelbar verhaltensrelevant, der über eben diese Machtmittel auch wirklich verfügt; aber bei entsprechender ideologischer Durchseuchung der Gesellschaft wird auch der Unterlegene die Faust in der Tasche ballen und sich Mut zusprechen. Deshalb meine ich, daß eine Kritik des Krieges sich nicht in einer Kritik der im Krieg verwendeten Gewaltmittel, d.h. der Waffen, erschöpfen darf, sondern tiefer greifen muß. Es geht doch um eine Untersuchung der gewalttätigen, potentiell eben auch kriegerischen Haltung insgesamt.

Die Clausewitz/Brockhaus-Definition des Krieges verbirgt sich bereits in jenem Motto „Der Zweck heiligt die

Mittel", das in der Theorie vom gerechten Krieg auf zwischenstaatliche Beziehungen angewendet wird. Es lassen sich aber noch andere Anwendungen dieses Prinzips formulieren, die ebenfalls zu gewalttätigen Handlungen geführt haben, auch wenn wir diese nicht Kriege nennen wollen. Die heilige Inquisition zum Beispiel rechtfertigte die grausame Folterung der Leiber mit dem Zweck der Seelenrettung; die Kolonisatoren Afrikas und Amerikas rechtfertigten die Ausrottung der Urbevölkerung mit dem Zweck der Verbreitung einer höheren Kultur; die Betreiber von Atomkraftwerken rechtfertigen sich mit dem Zweck des wirtschaftlichen Wachstums und der Sicherung von Arbeitsplätzen; die Befürworter von Tierversuchen rechtfertigen sich mit dem Verweis auf die segensreiche Wirkung der von ihnen entwickelten Medikamente. Gemeinsam ist all diesen Beispielen, daß die Anwendung von Macht durch vermeintlichen Nutzen für die Allgemeinheit legitimiert wird.

Macht schließt, wie bereits erwähnt, die Verfügung über Gewaltmittel „zur Ausübung unmittelbaren Zwangs" mit ein. Die Mittel dazu, die heute in den Arsenalen der Supermächte lagern, reichen aus, um – zwecks vermeintlicher Durchsetzung eigener Positionen – die ganze Erde mehrfach in die Luft zu sprengen. Soweit haben wir es mit unserer Jesuitenideologie gebracht. Das jesuitische Motto vom Zweck, der die Mittel heiligt, insistiert ja darauf, daß Handlungen nicht durch ihr Ergebnis, sondern durch ihre Intention gerechtfertigt würden – so wie es die Ordensregel der Jesuiten verbat, Todsünden zu begehen, jedoch hinzufügte, es sei denn, der Ordensobere habe dies *um Jesu Christi willen* angeordnet. Freilich, wenn die intentio in einer anderen Welt geheiligt wird, braucht man sich über den effectus in dieser Welt wenig zu kümmern. Die Jesuiten von heute sind aber viel diesseitiger: Konzernherren und Machtpolitiker, die sich offenkundig den Teufel darum scheren, daß wir keine Reserve-Welt haben, auf der wir unsere Mißgriffe bedauern könnten.

Ob nun Jesuiten oder Kernkraftwerksbetreiber – es scheint ihnen gemeinsam zu sein, daß sie die Menschheit zu dem zwingen wollen, was sie für deren Glück halten. Die eigenen Interessen haben absoluten Vorrang, und den eigenen Zielen wird ein so hoher Wert beigemessen, daß eventuelle Widerstände gegen sie, gegenläufige Interessen, andere Meinungen usw., nur als Störungen betrachtet werden, die man niederkämpfen muß. Man könnte also sagen, daß hinter dem Satz „Der Zweck heiligt die Mittel" eine extreme Wertschätzung der eigenen Ziele und eine Verachtung aller dieser eigenen Zwecken zuwiderlaufenden Strebungen verborgen bleibt. Denn nur ein heiliger Zweck kann die Mittel heiligen, und die Annahme, der eigene Zweck sei heilig, schließt offenbar die Auffassung mit ein, andere Zwecke seien minderwertig, wenn nicht gar teuflisch.

Es scheint also alles darauf hinzudeuten, daß einer Haltung, wie sie hier grob skizziert worden ist, die Verabsolutierung der eigenen Interessen und die Abqualifikation aller möglichen Gegeninteressen zugrunde liegt. Und jede derartige Haltung möchte ich kriegerisch nennen, weil sie die Gewalt, gegebenenfalls den Krieg, als mögliches Mittel immer beinhaltet; sie kalkuliert den Krieg ein und ist deshalb potentiell kriegerisch; ob es zur offenen Gewaltanwendung kommt, ist dann, bei bereits gegebener Bereitschaft, bloß noch eine Frage der Umstände. Wäre dies anders, ließe sich beispielsweise gar nicht erklären, warum Menschen aus ganz verschiedenen Ländern nach dem Ausbruch des Ersten Weltkrieges das Gefühl hatten, ihr Land wäre in diesen Krieg „hineingeschlittert".

Nun handelt dieses Buch ja nur am Rande von der Kriegsgefahr; sein eigentliches Thema ist die ökologische Krise. Die skizzierten Gedanken erscheinen mir aber unerläßlich, weil es meines Erachtens genau jene latent kriegerische Haltung ist, die auch zur Umweltzerstörung führt: der *imperiale* Anspruch der Natur und dem anderen gegenüber. „Man beutet keine Natur aus, die zu einem spricht ..., und man beutet keine Menschen aus, die man versteht." (Duerr) Die gewaltsame Haltung, die der Mitwelt (Mitmensch oder Natur) dem eigenen Willen rücksichtslos aufzwingt, ist nur aus einer Distanzierung, aus einer Entwurzelung heraus zu verstehen. Es ist eine aktive seelische Leistung, etwas, was außerhalb von mir ist, zum *Objekt,* zum *Substrat* meines Tuns zu erklären. Diese Leistung kann nur dann gelingen, wenn ich es mir ermögliche, meine Verwandtschaft und Verbundenheit mit allem, was jenseits meiner Persönlichkeit und meiner subjektiven Wahrnehmung liegt, zu verdrängen und zu verleugnen: Wenn ich zum Beispiel im sowjetrussischen Staatsbürger und Menschen nur noch den abstrakten Feind und Gegner sehe, der notfalls auch mittels Atombombe verglüht werden muß, nicht den Mitmenschen, den – ungeachtet einiger Meinungsverschiedenheiten recht theoretischer Art – doch so viele Ängste, Sorgen, Nöte und Freuden mit mir verbinden; und wenn ich im Huhn nur eine zu meinem persönlichen Vorteil eierproduzierende, auch unter extremsten Bedingungen funktionierende Maschine sehe, nicht einen lebenden Organismus *wie mich,* zwar durchaus verschieden, aber prinzipiell von meinem Stoff, mit mir durch den Strom des Lebens verbunden.

Wir haben der Natur, haben allen anderen Kreaturen auf dieser Welt rücksichtslos den Krieg erklärt. Wir lassen verkünden: Wir sind rex regum, und ihr seid die Untertanen, und was immer wir für richtig halten, ihr müßt es dulden und erleiden. Unsere Interessen sind entscheidend, und deshalb setzen wir sie auch durch, koste es, was es wolle. Wir sind die Krönung der Schöpfung, und das werden wir euch schon spüren lassen.

Claude Lévi-Strauss hat einmal in einem Interview gesagt, wer dafür kämpfe, daß nie wieder Menschen auf dieser Erde in einem Konzentrationslager landen, der müsse sich auch gegen ein Verhalten wenden, das Tiere in ein Konzentrationslager verbannt – wie wir es zum Beispiel mit den Hühnern, aber auch mit vielen anderen Spezies tun. Der Ideologie vom mittelheiligenden Zweck ist die Haltung der Demut und des Verständnisses direkt entgegengesetzt – eine Haltung, wie sie auch derjenige, der kein Christ ist, aus dem Leben des Franz von Assisi erspüren kann. Demut ist eine innere Bereitschaft; in äußeres Verhalten gewendet, erscheint sie als Verzicht. Wer aus Ehrfurcht vor anderen Lebewesen nicht billigen kann, daß Tausende von Beagle-Hunden in Käfigen gezüchtet und in Großlabors zu Versuchszwecken „verbraucht" werden, der muß eben auch auf die Kosmetika verzichten, die an diesen vierbeinigen und schlappohrigen „Versuchsobjekten" getestet werden. Und wer der Meinung ist, daß es uns nicht zusteht, in beispielloser Hybris die tropischen Regenwälder mit ihren unersätzlichen Ökosystemen rücksichtslos zu vernichten, der sollte eben auch auf die Teakholzmöbel und Papierfiltertüten verzichten, die aus dem Holz ebenjener Wälder hergestellt werden. Geht alles weiter wie bisher, wird im Jahre 2050 der letzte Baum gefällt werden.

Wir leben mitten im Kriege, im Krieg gegen die Erde, die uns (noch) ernährt, und im Kriege gegen alle anderen Lebewesen, die sie mit uns teilen – und leider allzu oft im Kriege auch gegen unsere Mitmenschen. Allerdings kann es sein, daß all dies bald ein Ende hat: Der Mensch, der im Theater des Lebens erst seit kurzem eine Rolle spielt, gliche dann einem Schauspieler, der im letzten Akt seines Auftretens so heftig die Szene verläßt, daß die ganze Bühne zusammenfällt.

Dies wäre allerdings kein sehr starker Abgang, und es wäre auch niemand mehr da, der noch zur Kenntnis nehmen könnte, daß die waffenstarrende, weltzerstörende Menschheits-Ideologie sich durch ihren eigenen Untergang ad absurdum geführt hat.

Ich weiß, daß man kritisch einwenden wird, ich hätte in diesem Kapitel andere Dimensionen der Weltprobleme

Alarm wegen Raubbaus an Regenwäldern

Tagung der Organisation für tropische Hölzer / „2050 wird der letzte Baum gefällt"

Yokohama (dpa)
Die Erhaltung der bedrohten tropischen Regenwälder der Welt ist für die Menschheit von „entscheidender Bedeutung". Dies sagte Japans Außenminister Tadashi Kuranari am Montag bei der Eröffnung der ersten Tagung der Internationalen Organisation für tropische Hölzer in Yokohama. Der Organisation gehören 41 Mitglieder an, die 1984 das internationale Abkommen über tropische Hölzer unter der Ägide der UNO-Konferenz für Handel und Entwicklung (UNCTAD) unterzeichnet hatten.

Sprecher der weltweiten Umweltschutzorganisationen, die als Beobachter teilnehmen, warnten vor dem weiteren Raubbau in den Regenwäldern: „Ohne sie wird die Weltwirtschaft zusammenbrechen", sagte Mustafa Tolbas vom Umweltprogramm der Vereinten Nationen, „wir untergraben jetzt schon die ökologischen Fundamente unserer Wirtschaft."

Japan als weltweit größter Importeur tropischer Hölzer will sich während der fünftägigen Konferenz gemeinsam mit den anderen Teilnehmern aus den betroffenen Staaten ebenso wie aus den anderen Einfuhrländern darum bemühen, Richtlinien für einen Ausgleich zwischen Holzgewinnung und Walderhaltung zu finden. Die EG steht bei den Verbrauchern an zweiter Stelle.

Den rücksichtslosen Raubbau an tropischen Regenwäldern hat die internationale Umweltstiftung World Wildlife Fund (WWF) kritisiert. Wenn das gegenwärtige Rodungstempo – etwa 20 Hektar oder 30 Fußballfelder pro Minute weltweit – fortgesetzt werde, sei der letzte Baum spätestens im Jahr 2050 geschlagen, rechnete WWF-Deutschland am Montag in Frankfurt vor. Jahr für Jahr werden nach Darstellung der Organisation 11,4 Millionen Hektar, das entspreche der Fläche Österreichs, gerodet, in Ackerland umgewandelt oder bebaut.

Süddeutsche Zeitung vom 24.3.1987

sträflich vernachlässigt. Diese Kritik geht jedoch ins Leere. Denn ich will mit meiner Kritik einer spezifischen zwischenmenschlichen Haltung natürlich nicht behaupten, daß jene Ideologie vom mittelheiligenden Zweck das einzige Übel wäre, an dem unsere Welt krankt. Sie trägt aber eine ganze Menge zum gegenwärtigen Elend bei. Sie ist zu dessen Erklärung zwar nicht die einzig hinreichende, sehr wohl aber eine notwendige Bedingung. Dies könnte man übrigens wohl nicht nur ideologiekritisch, sondern auch durch Geschichtsforschung belegen.

Denn die gemeinsame Wurzel von Krieg und Umweltzerstörung, die hier beschrieben worden ist, läßt sich auch historisch bezeugen. Den Krieg hat der Kapitalismus zwar mechanisiert und perfektioniert, aber natürlich nicht erfunden. Gleiches gilt für die Umweltzerstörung: Schon die mesopotamische Stadtkultur der Sumerer hat durch Versalzung die eigenen Anbauflächen ruiniert. Krieg und

Umweltzerstörung lassen sich allerdings erst nach der neolithischen Revolution nachweisen; im Zeitalter der Jäger und Sammler, das 99 Prozent der Menschheitsgeschichte bestimmte, hat es beides nicht gegeben. Dies nicht etwa deshalb, weil die Menschen damals besser, erleuchteter, ethisch höherstehend gewesen wären – nein, einfach deshalb, weil sie Krieg und Umweltzerstörung gar nicht nötig hatten. Ihre Anpassung an die Umwelt war so einzigartig, daß sie sich mühelos ernähren konnten, ohne die Natur zu vergewaltigen (die These vom mühsam sein klägliches Dasein hart am Rande des Existenzminimums fristenden Vorzeitmenschen ist eine Geschichtsfälschung des vorigen Jahrhunderts); und ihr Gesellschaftssystem war so einfach, überschaubar und mobil, daß Kriege darin gar keinen Platz hatten.

„Will man die Tatsachen nicht stillschweigend übergehen, so bleibt vernünftigerweise nur die eine Schlußfolgerung: In der Evolution unserer Art hat der bewaffnete Konflikt eine höchstens untergeordnete Rolle gespielt. Die Theorie, daß der Mensch durch Rivalität und Krieg zum Menschen geformt worden sei, ist ein Hirngespinst." (Jost Herbig) Bei Jäger- und Sammlerkulturen mit ihren überschaubaren, zahlenmäßig kleinen Gemeinschaften ist der Zusammenhalt der Gruppe Garant des Überlebens, ein Unterwerfen des anderen um jeden Preis ist deshalb in keiner Weise sinnvoll. Im Gegenteil, Kulturen wie die der Buschmänner verwenden sogar sehr viel Mühe und Sorgfalt darauf, die Eskalation von Konflikten zu verhindern bzw. schwer lösbare Konflikte gar nicht erst entstehen zu lassen – zum Beispiel durch sehr subtile Zeremonien und Prozeduren des Beuteteilens. Man könnte hier von archaischen Techniken der Gruppenkohärenz sprechen. Zwischenmenschliche Konkurrenzen, die die Form kriegerischer Auseinandersetzungen angenommen hätten, haben in jener sehr lange währenden Epoche der Menschheitsgeschichte sicherlich keine Rolle gespielt.

Es hat in der Menschheitsgeschichte eine Fülle solcher archaischer Kohärenz-Lebens-Formen gegeben. Freilich haben sie sich auf Dauer nicht durchsetzen können, wurden an den Rand der Entwicklung abgedrängt und schließlich vernichtet. Der afrikanische Historiker Joseph Ki-Zerbo aus Ober-Volta hat solche traditionellen, „altmodischen" Umgangsweisen mit den „modernen" Entscheidungsprozeduren der Industriegesellschaft verglichen. Er legt sich – und uns – die Frage vor: „Leben wir angesichts der Atomsprengköpfe, die wir reichlich angesammelt haben, am Rand der Apokalypse oder in einer Zeit der Geburtswehen für die Welt des 21. Jahrhunderts?" und er fährt fort:

„Hier stellt sich die Frage des Alten Testaments: ‚Wer wird die Weltrichter bewachen?' Die Beantwortung dieser Frage hängt entscheidend davon ab, ob es gelingt, die gegenwärtigen Strukturen von oben zu überwinden. Etwa durch Schaffung größerer politischer Räume, die in der Lage wären, die bestehenden Probleme zu lösen – im Sinne einer Regionalisierung der Mikrostaaten im Süden oder im Wege weltweiter Zusammenschlüsse. Gleichzeitig muß man aber auch versuchen, den gegenwärtigen Status von unten zu überwinden. Etwa durch konkrete Einbeziehung der lebendigen Basisgemeinschaften und durch deren Teilhabe an der Macht ... In *Afrika* kennen wir z. B. einen Entscheidungsweg, den wir den *Konsens durch das Palaver* nennen ... Dies ist eine Form der Demokratie, die sicherlich zeitaufwendig ist, die aber dazu führt, daß Systeme wirkungsvoll verwaltet werden und gleichzeitig hohe soziale Übereinstimmung erreicht ist." Interessanterweise ist dieses Konzept der Konsensfindung in den gewaltfreien Basisgruppen der Friedensbewegung zu neuen Ehren gekommen. Aber warum wird das Konsensprinzip nur von den ganz- oder halbherzigen Aussteigern aus der Gesellschaft, nicht von der Gesellschaft selber praktiziert? Ki-Zerbo schreibt:

„Das *Problem des Konsens* wirft die *Frage nach der*

Gewalt als Antriebskraft der Geschichte auf. In allen produktionsorientierten Systemen dient die Gewalt als Mittel, um die Klassenwidersprüche bewußt zu vermindern. Die Gewalt ist also ein Wesenselement des Kapitalismus und des Marxismus, wenngleich aus verschiedenen Gründen. Afrika könnte auch hier dazu beitragen, neue Wege anstelle der eingelaufenen Pfade der Karawane Menschheit zu betreten. Wenn wir das extrovertierte und monströse System, das uns aufgezwungen wurde, radikal von uns werfen, und wir zurückfinden zu unseren eigenen Quellen, dann wohl vor allem als Erben dieses Geistes des Konsens."

Die Frage, was es für die Zukunft zu lernen gilt, damit diese uns nicht unter den allzu eifrigen Händen zerrinnt, sei einstweilen zurückgestellt. Es geht zunächst um die Betrachtung des Dunkels, aus dem wir kommen. Sicher ist eines: keineswegs war der Krieg der „Vater aller Dinge". Er ist eine späte Errungenschaft des menschlichen Geschlechtes.

Erst die neolithische Revolution, die Seßhaftwerdung des Menschen, die Einführung von Ackerbau und Viehzucht, die Städtebildung und die Entstehung von Gottkönigtum und Kriegerkaste schufen den Raum, in dem sich Krieg und bedenkenlose Manipulation der Umwelt jetzt entfalten konnten.

Wenn man meint, dem Menschen ein naturgegebenes Aggressionspotential (keinesfalls einen entsprechenden Trieb!) zubilligen zu müssen, so schufen jedenfalls erst historische Entwicklungen diesem Potential die Bühne, auf der es sich dann kriegerisch austoben konnte. Erst der Kapitalismus und die industrielle Revolution erhoben den raptativen Seinsmodus zum offiziellen Selbstzweck, während er zuvor noch durch Mythen und Religionen bemäntelt und getarnt einherwandelte.

„Auch die Weißen werden vergehen, eher vielleicht als alle anderen Stämme. Fahret fort, Euer Bett zu verseuchen,

US-Soldaten lehrten foltern

MINNEAPOLIS, 10. Juli (Reuter). Ein ehemaliger Angehöriger der salvadorianischen Steuerfahndung ist nach eigenen Angaben von US-Soldaten in Foltertechniken ausgebildet worden. Unter dem Decknamen René Hurtado berichtete der in den USA lebende Mann gegenüber der Zeitung „Minneapolis Star and Tribune", er habe an einem einmonatigen Unterricht durch einen Major und einen Hauptmann der US-Sondereinheit „Green Berets" teilgenommen. Dabei sei ihm und acht anderen beigebracht worden, wie man foltert, ohne sichtbare Spuren zu hinterlassen. Die Ausbilder hätten gesagt: „Das ist hier Krieg, und in einem Krieg ist alles erlaubt." Er selbst habe das Gelernte auch praktisch angewendet: „Man gehört zu den Sicherheitskräften — da kann man alles machen, was man will." Später habe er jedoch die Unmenschlichkeit solcher Methoden eingesehen. 1981 sei er desertiert.

Frankfurter Rundschau vom 11. 7. 1984

und eines Nachts werdet Ihr im eigenen Abfall ersticken!", so rief der Häuptling der Duwamish-Indianer, Chief Seattle, im Jahre 1855 dem Präsidenten der Vereinigten Staaten, Franklin Pierce, zu. Und er sagte auch: „Wir wissen, daß der weiße Mann unsere Art nicht versteht. Ein Teil des Landes ist ihm gleich jedem anderen, denn er ist ein Fremder, der kommt in der Nacht und nimmt von der Erde, was immer er braucht. Die Erde ist sein Bruder nicht, sondern sein Feind, und wenn er sie erobert hat, so schreitet er weiter."
Viele Menschen wollen auch heute noch auf diesem Weg der Eroberung und Unterjochung der Welt weiterschreiten. Doch damit wird es bald zu Ende sein. Wenn wir noch gegensteuern wollen, müssen wir mit der hier skizzierten Haltung brechen und uns einem politischen System verwei-

gern, das eben diese Haltung zu seiner Existenzgrundlage macht. Aber das müssen wir selber und auch bei uns selber tun: „Erkennt man den Krieg nicht als von außen, sondern von euch selbst geschaffen und gewollt, so habt ihr den Weg zum Frieden vor Euch." (Hermann Hesse)

Aber wie konnte es geschehen, daß die Menschheit aus sich selber heraus den Krieg geschaffen und in die Welt gesetzt hat? Wie ist die kriegerische Haltung entstanden, die wir in diesem Kapitel grob beschrieben haben? Wo liegen die Wurzeln dieser imperialen Attitüde?

Entwurzelung – die neue Krankheit

I.

Im letzten Kapitel habe ich eine menschliche Haltung beschrieben, die man mit den Schlagworten „Der Zweck heiligt die Mittel" oder auch „Koste es, was es wolle" umschreiben kann. Es ist vom Krieg gegen Mitmensch und Natur die Rede gewesen, vom raptaiven Seinsmodus, vom Unterwerfungs- und Ausbeutungswillen, der keine Rücksicht und Nachsicht kennt.

Dies mag eine angemessene *Beschreibung* sein, *erklärt* wird damit freilich noch nichts. Zwar ist bereits ein Verweis auf gemeinsame historische Wurzeln von Krieg und Umweltzerstörung gegeben worden, aber auch damit ist die Erörterung noch rein deskriptiv geblieben.

Was aber sind die tieferen Ursachen des so gekennzeichneten Unterjocherverhaltens? Warum ist dem Menschen seit mindestens zehntausend Jahren „Haben" wichtiger als „Sein", und warum hat er, in immer rascher verlaufender Beschleunigung, dieses Verhalten so perfektioniert, daß es in Bälde die ganze Erde in Schutt und Asche zu legen droht?

Wenn auf diese Frage wenigstens eine vorläufige, tastende Antwort skizziert werden soll, müssen wir die im ersten Teil dieses Buches umrissenen Schlüsselbegriffe Entwicklung und Anpassung aufgreifen. Als Teil des Lebensstromes unterliegt der Mensch den allgemeinen Gesetzen der Evolution, auch dann, wenn er sich eine eigene Spezialentwicklung, die Kulturgeschichte, geschaffen hat.

Was wir heute erleben, ist eine Fehlanpassung des Menschen an die Natur. Wie konnte es dazu kommen? Ist der

Mensch ein „Irrläufer der Evolution“ seit Anbeginn, oder gibt es in seiner Geschichte ein bestimmtes Stadium der „Entgleisung“, der „Destabilisierung“?

Meine Gedanken zu diesem Punkt berühren sich an vielen Stellen mit dem, was unlängst Konrad Lorenz umfassender und kenntnisreicher in seinem Buch „Der Abbau des Menschlichen“ beschrieben hat. Allerdings möchte ich einige Schlußfolgerungen ziehen, die sich in dieser Form in seinem Werk nicht finden, auch wenn sie mir darin enthalten zu sein scheinen.

Kehren wir also an den Ausgangspunkt zurück, und untersuchen wir die Stellung des menschlichen Organismus in der Welt. Lange genug haben wir betrachtet, welchen Schaden er anrichtet und – im letzten Kapitel – wie er dies tut. Aber was geht in uns Schädlingen selber vor?

II.

Jeder Organismus ist sowohl mit dem gesamten Strom des Lebens als auch mit der unbelebten Natur auf vielfältige und komplizierte Weise verbunden. Das Individuum ist ja ein offenes System, das ein ständiges Austauschverhältnis mit dem „Außerhalb“ aufrechterhalten muß, um überhaupt existieren zu können. Dies geschieht in vielfältiger Weise: Bei manchen Pflanzen sprechen wir von Wurzeln, spezialisierten Teilen des Organismus, die „teils der Befestigung der Pflanze, teils ihrer Ernährung“ dienen, wie es im Brockhaus heißt. Die Wurzel gilt uns daher als Symbol einer festen Verbindung mit dem Untergrund; eine „tiefe Verwurzelung“ gesteht die Sprache allerdings nicht nur Pflanzen, sondern, als Metapher, auch Tieren und Menschen zu. Dies geschieht vollkommen zu recht: Auch Tier und Mensch besitzen „Wurzeln“, sie sind nur nicht so deutlich sichtbar wie die entsprechenden Organe der Kormophyten.

Jedes Lebewesen ist durch die Vorgeschichte seiner Spezies, durch die Evolution, auf eine bestimmte Weise in seine Umgebung eingepaßt; die Art hätte sonst nicht überleben können. Beim Tier wird diese Einpassung zum Teil durch ein mehr oder minder flexibles System angeborener Verhaltensschemata geregelt. Je primitiver der Organismus, desto starrer die Einpassung; je höher entwickelt das Lebewesen, desto geschmeidiger funktioniert das Bündel vorgegebener Aktionsprogramme, desto mehr Raum besteht für Lernen aus der Erfahrung.

Freilich kennt die Lernfähigkeit der Tiere klar umrissene Grenzen. Kein Tier ist in seinen angeborenen Verhaltensweisen derart reduziert, daß es ein symbolisch-sprachlich vermitteltes Weltbild hätte entwickeln können. Kein Tier kennt ein unserem Denken, d.h. dem antizipierenden, internalisierten Probehandeln gleichartiges Vermögen. Und kein Tier kennt eine Religion oder eine Ideologie; es hätte auch weder Platz noch Notwendigkeit dafür. Der Mensch, das nicht festgestellte Tier, vermag durch seine Hirnentwicklung, die ihm ein fixes, genetisch fixiertes Verhaltensprogramm weitgehend erspart, sogar seine eigene phylogenetische Ausstattung und auch die eigenen Triebe und Antriebe zu reflektieren, bezahlt dafür aber offenbar mit Unsicherheit, Angst und Sorge. Im Gegensatz zu allen bekannten Tieren gerät ihm die Welt zum Problem: er kann über sie verzweifeln, ihrer überdrüssig werden. Kein Tier kennt Götter, die es beschwichtigen müßte; uns aber ist, seit unsere Vorfahren vor Jahrtausenden das erste Mal ihre Toten mit Ockerfarbe bestreuten, die Angst und damit auch der Wunsch, diesen unerklärlichen, unerbittlichen Lauf der Welt zu beeinflussen, in die Wiege gelegt. Der Mensch kennt den Mythos, die Religion, das Ritual, das Opfer – bis hin zum Menschenopfer, um vermutete Dämonen oder Götter gnädig zu stimmen. Seltsam genug, daß wir uns die Götter so vorstellen, als könnten sie durch solch grausame Taten besänftigt werden ...

Unser Gehirn, mit dessen Evolution all dies offenbar eng verknüpft ist, ist ein Extremorgan. Darunter versteht der Verhaltensforscher ein Organ, „welches in rasanter Entwicklung der übrigen Adaptierung davonläuft". (Rupert Riedl) Davon wird noch die Rede sein – zunächst stellen wir fest, daß es sich beim Gehirn um ein Extremorgan handelt, das die Chance hat, sich selber in Frage zu stellen. „Und die Lebenschance unserer Kinder besteht darin, daß wir rascher weise als mächtig werden." (Riedl) Daß ich diese Chance zurückhaltend beurteile, bedarf nach allem bisherigen Gesagten keiner Erörterung. Doch jetzt geht es um etwas anderes: darum, daß die Entwicklung des Extremorganes Gehirn allen anderen Anpassungsweisen davongelaufen ist. Als Krönung der Hirnfunktionen mag ja lange genug die kritische Vernunft, der Rationalismus, gegolten haben. Seine Alleinherrschaft geht jedoch Hand in Hand mit der Entwertung aller anderen Adaptierungen, mit der *Entwurzelung* des Menschen.

Hier liegt die Ursache der seelischen Umweltverschmutzung. Der Mensch ist in eine Sackgasse geraten.

Der Mensch ist nicht gleichermaßen wie das Tier durch ein recht rigides System angeborener, nur bedingt modifizierbarer Verhaltensprogramme in seine Umwelt eingepaßt. Er ist flexibler, elastischer – und bezahlt dafür mit Angst und Sorge; die Welt selber, die eigene Existenz eingeschlossen, wird ihm zum „Stein des Anstoßes". Dennoch haben frühere Kulturen das Problem der Anpassung, das sich hier stellt, erfolgreich gelöst, und zwar durch kulturelle Evolution, die die genetische überlagerte, ja sich sogar von ihr ablöste. Die Kulturen der Jäger und Sammler waren durch ein verbindliches Weltbild affektiv in der Natur und in der Gemeinschaft verwurzelt.

Diese Verwurzelung ist uns verlorengegangen. Wie es dazu kam, wird noch genauer beleuchtet werden müssen. Jetzt gilt es, folgendes festzuhalten: Wir erleben heute eine Beliebigkeit und Relativierung der Werte und Weltanschauungen, wie es sie noch nie in der Menschheitsgeschichte gegeben hat. Ein junger Mensch mag christlich erzogen worden sein, sich dann zum kämpferischen Kommunisten wandeln und sich, wiederum enttäuscht, in die Meditationsübungen des Zen-Buddhismus versenken. Wird er auf Dauer zufrieden sein?

Totz oder wegen dieser Fülle konkurrierender Wertsysteme ist unsere Einpassung in die Welt heute überwiegend rational, „vernunftgeleitet". Zen-Buddhist, Kommunist und Christ können nebeneinander im selben Hochhaus wohnen; alle drei benutzen sie Aufzug, Telefon und Straßenbahn und bauen darauf, daß diese Gegenstände funktionieren. Wer, in welcher inneren Mission auch immer, nach Moskau, Rom oder Poona pilgert, geht in der Regel nicht zu Fuß, sondern vertraut sich, allen weltanschaulichen Differenzen zum Trotz, dem Flugzeug an. Damit ist angedeutet, daß Ratio, Vernunft, Naturwissenschaft die Eckpfeiler unseres „Common sense" bilden, und das Vertrauen auf sie, auf das vernunftgeleitete Dasein, bildet den einigenden Grundwert einer weltumspannenden Lebenspraxis, die sich wie Coca Cola von Nantucket bis nach Katmandu ausgebreitet hat.

Unsere Weltanschauungen, unsere Ideologien mögen heute bunter, vielfältiger, mannigfaltiger sein als je zuvor; unsere Lebenspraxis ist auf dem ganzen Globus vereinheitlicht und uniform. Die Fülle der Weltbilder, die miteinander wettstreiten und die das Individuum immer schneller wechselt, beweist ja nichts anderes als deren *Kraftlosigkeit.* Es ist so wie in Lessings Ringparabel: „Der echte Ring, vermutlich, ging verloren." Oder halt: Vielleicht hat es gar niemals einen echten Ring gegeben? Diese Frage läßt sich mit philosophischen Mitteln nicht beantworten. Sicher ist jedoch, daß die Menschheit über Jahrtausende hinweg durch ein verbindliches Weltbild geeint wurde, das normative Kraft besaß und nicht hinterfragt werden konnte. Man mag diesen Sachverhalt bewerten wie man will, das Faktum bleibt bestehen. Unsere moderne Zeit läßt den Drang nach einem solchen einheitlichen Weltbild wieder wachsen, sie legt immer mehr Menschen die Frage nach dem Sinn, nach dem „Was soll das alles?" in den Mund – und läßt zugleich die Antwort auf diese Frage immer schwieriger, ja schier unmöglich werden. „In den großen Gesellschaften unserer Zeit, die ‚pluralistisch' genannt werden, weil sie für viele Fragen mehrere Erklärungen zugleich anbieten, kann der Mensch sich etwas aussuchen, was ihm auf seinen Fall zu passen scheint. Doch er bezahlt die Möglichkeit der Wahl mit dem Verlust fragloser Gewißheit ..." (Imogen Seger)

Dieser Verlust fragloser Gewißheit ist es, was ich als Entwurzelung bezeichne. Die Möglichkeit einer solchen Entwurzelung ist dem Menschen offenbar konstitutionell auf seinem Lebenspfad mitgegeben, und sie wird im Laufe der Jahrtausende immer wieder von Einzelnen erlebt und erlitten worden sein. Die Stammesgemeinschaft urtümlicher Zeiten hat es allerdings vermocht, dieser Möglichkeit erfolgreich gegenzusteuern, sie durch ein verbindliches, „fraglos gewisses" Weltbild auszubalancieren.

Freilich hat, wie ich meine, schon die neolithische Revolution den Wertezerfall angebahnt, und zwar durch ihre Konzeption widersprüchlicher Sozialkulturen. Der Gegensatz von Stadt und Land, die Schaffung einer scharfen sozialen Hierarchie und die Bildung von Klassen, Schichten und Kasten, die Entstehung der Heere und des Krieges, die Unterdrückung der Frau als minderwertiges Menschenwesen – all diese Phänomene markieren einen Verlust innerer Balance bei äußerem Machtzuwachs. Diese Entwicklung ist durch die industrielle Revolution verschärft, ja in Reinkultur dargestellt worden. Der raptative Seinsmodus, die Ausschöpfung aller Möglichkeiten, die Bewerkstelligung alles Machbaren, das Wachstum um seiner Selbst willen – all dies verliert seine ideologische Ummäntelung und wird zum offiziellen Programm erhoben, gerechtfertigt durch und für sich selbst.

Dieser scheinbare Fortschritt, die äußerliche Bereicherung des Menschen, seine Entwicklung zum technisch versierten „Prothesengott“ (Freud), droht freilich nicht nur die Welt zu verwüsten, sondern hat auch zur inneren Verarmung des Menschen, eben zu seiner Entwurzelung, geführt.

Dieses allgemeine „Entwurzelungs-Syndrom“ läßt sich beschreiben als ein leidendes Süchtig-Sein, ein Außer-sich-Sein in künstlich geschaffenen Scheinwelten, die kurzfristig vergessen lassen, daß die wirkliche Welt vor die Hunde geht. Wir sind weder in der Welt noch in uns selber richtig zu Hause; vielmehr gleichen wir dem süchtigen Trinker, der sich im Alkoholrausch stark und mächtig fühlt – so mächtig, daß er die eigene Wohnung zerschlägt.

III.

Als verbindlicher Grundwert aller modernen Industriegesellschaften kann die naturwissenschaftlich-technische Rationalität angesehen werden. Coca Cola, doppelte Buchführung und Zentralheizung sind rund um die Welt verbreitet, und Atomkraftwerke finden sich in der Bundesrepublik ebenso wie in der DDR und selbst in China. Ja sogar der Ayatollah Khomeini erwägt, die bereits von seinem verhaßten Vorgänger, Schah Reza Pahlevi, bestellten bundesdeutschen Kernkraftwerke jetzt doch noch fertigstellen zu lassen.

Mit der Wissenschaft und dem Fortschritt hat es allerdings seine eigene Bewandtnis: „Es könnte sein, daß es die Steinzeit ist, die auf den leuchtenden Schwingen der Wissenschaft zurückkehrt, und daß das, was heute als unermeßlicher Segen über die Menschheit kommt, deren totale Zerstörung herbeiführt.“ Dies sagte kein Geringerer als Winston Churchill kurz nach den Explosionen von Hiroshima und Nagasaki. Freilich stimmen dieser Kritik an der

Atombombe viele Menschen zu, daüber hinaus aber ändert sich wenig. Die meisten sehen in der Atombombe eine Entgleisung, nicht ein Symbol der wissenschaftlichen Rationalität. Aber ist diese Rationalität nicht selber zu hinterfragen?

Der Rationalismus erlebte seinen Siegeszug nach dem Ende des Mittelalters. „Wissenschaftliche Forschung geht hier kritisch auf endgültige Ergebnisse im Besonderen, bei ständiger Unfertigkeit im Ganzen, einen unendlichen Weg. Im Verkehr der Gesellschaft wird die allgemeine Berechenbarkeit des Lebens im Voraussehen rechtlicher Entscheidungen durch den Rechtsstaat auf ein Maximum zu treiben gesucht. In wirtschaftlicher Unternehmung wird die exakte Kalkulation maßgebend für jeden Schritt." (Karl Jaspers)

Man vergesse jedoch nicht, daß immer stets nur das kalkulierbar und berechenbar ist, was man zuvor bereits mehr oder minder willkürlich aus dem existentiell gegebenen Gesamtzusammenhang des Lebens herausgelöst hat! Durch die Kalkulation immer kleinerer, immer detaillierterer Teilbereiche wird das gesamte Leben ärmer, dünner, magerer – vor allem dann, wenn diese Bereiche zunehmend mit dem Ganzen verwechselt oder zumindest für das Wesen des Ganzen erachtet werden.

Eine geistesgeschichtliche Gallionsfigur des technischen Rationalismus ist der britische Advokat und Berater der Krone, Sir Francis Bacon. 1620 verfaßte er sein „Novum Organon", das die fruchtlose, griechische Naturphilosophie überwinden sollte (denn als „Organon" bezeichnete man im Mittelalter allgemein das Werk des Aristoteles). An die Stelle der Naturschau der alten Griechen sollen die Beobachtung von Teilbereichen, das Experiment und die empirisch gesicherte Hypothese treten. Diese neue Wissenschaft war von vornherein herrschaftsorientiert; im Hinblick auf die griechische Philosophie schreibt er: „An die Stelle des Glücks der Betrachtung tritt die Sache des Glücks der Menschheit und die Macht zu allen Werken."

Ähnlich leistungs- und herrschaftsorientiert äußerte sich ein anderer Säulenheiliger der Vernunft, René Descartes. Praktisch zeitgleich mit Sir Francis Bacon, legt er dar, die Aufgabe der Wissenschaft sei es, jenes Wissen zu liefern, „durch das wir in der Lage wären, uns zu Herren und Besitzern der Natur aufzuschwingen".

Aus der Zeit von Bacon, Descartes und Galilei datiert der Aufschwung der sogenannten „positiven" Wissenschaft zur weltumspannenden, weltverändernden und weltbeherrschenden Macht. Dies bedeutet nicht, wie oft verkürzt behauptet, die Wissenschaft habe versagt oder sei gar „schuldig" geworden; im Gegenteil, sie gab ihr Bestes, unter dem Beifall aller, und sie konnte auch gar nicht anders, da ihre Grundprinzipien ein reduzierendes-kausalanalytisches Weltmodell voraussetzen.

„Die Verantwortung der Wissenschaft ist eine metaphysische; sie hat keine „Schuld", ihre Schuld ist im Gegenteil ihre Reinheit, und gerade die Reinheit, mit der sie sich auf den Boden der Tatsachen stellt, sich kraft ihrer eigenen, unbeirrbaren Logik auf diesen Boden stellen mußte." Herrmann Broch, der diese Zeilen notierte, wies ganz zu Recht auch darauf hin, daß diese Verwissenschaftlichung der Welt auch deren Europäisierung bedeutete (als deren Karikatur heute der Amerikanismus einhergeht):

„Weder wäre Columbus nach Amerika gelangt, noch wäre die Dampfmaschine entdeckt worden, wenn der europäische Boden nicht eben schon der Boden der Tatsachen geworden wäre ..."

Erwarten wir von der Ausbildung des Wissenschaftlers eine radikale Veränderung der Welt, so wird uns jene Kritik treffen müssen, die Karl Jaspers schon 1961 übte. „Mittlerweile", sagte er damals, „sprechen viele Physiker von der heute zur Formel gewordenen ‚neuen Denkweise' als von dem, was kommen müsse." Er nennt Born, Einstein, Oppenheimer und Pauli und schließt eine tiefgreifende Kritik an, die ich ihrer Aktualität wegen zitieren will:

„Diese Naturforscher bezeugen mit solchen Äußerungen ästhetischen oder mystischen Charakters zwar ihren Antrieb, der aus einem neu erfahrenen Ungenügen naturwissenschaftlicher Einsicht entspringt. Aber sie bringen das, was sie suchen, da es in den ihnen gewohnten Denkungsweisen gar nicht liegt, nur als ein Bildungswissen, das unverbunden neben ihrer beruflichen Tätigkeit einhergeht ...

Manche Forscher neigen zum Vertrauen, daß die Menschheit sich einigen werde auf Grund einfacher rationaler Schlüsse, die jeder Verstand als zwingend anerkennen müßte, oder sie werden, wenn dies versagt, ausweglos pessimistisch. Es ist rührend, wie sie der Verständigkeit vertrauen, und daß sie meinen, selber schon soweit zu sein, schon so zu leben, daß, wenn alle ihnen folgen würden, die Rettung da sei. Es ist erschreckend, wenn sie – bisher nicht öffentlich – alle Hoffnung aufgeben.

Die „neue Denkungsart", das „Umdenken", liegt nicht in der Fortsetzung der alten Denkweise, weder in der Richtung technisch-wissenschaftlichen Denkens noch in der Richtung politischen Zweckdenkens. Auf dem Wege der wissenschaftlichen Denkungsart, die zur Entdeckung der Atomenergie geführt hat, ist eine Lösung der durch das Dasein der Atombombe aufgeworfenen Probleme nicht möglich."

Der neuzeitliche, wissenschaftlich-technische „Gotteskomplex" (H. E. Richter) ist die *Basis* der modernen Lebensstrategie, die, wie jede Strategie, der Kontrolle der Todesangst dient. Der Mensch der Neuzeit hat an die Stelle des Weltbildes „fragloser Gewißheit", das er bei „naiven" oder gar „primitiven" Kulturen so gerne belächelt, das Ideal hemmungsloser, angeblich Sicherheit erzeugender und Angst eindämmender Weltmanipulation gesetzt. Welche zusätzlichen Weltbilder sich auf diese technisch-rationalistische Grundlage noch aufpfropfen, ist weitestgehend beliebig, denn diese bestimmt, was gespielt wird, was tatsächlich geschieht.

Dabei wird freilich die Außenwelt zerstört, während die Innenwelt verarmt. Der Wunsch, Sicherheit durch manipulatives Leistungs- und Verwertungswissen zu finden, führt, wenn er die gesamte Welt zu ruinieren droht, offenkundig in eine Sackgasse. „Das Wovor der Angst ist das In-der-Welt-Sein als solches", schreibt Heidegger, und dies scheint schon in der biologischen Konstruktion des Menschen angelegt, desgleichen sein Wunsch, diese Angst zu beschwichtigen, eine „Lösung" zu finden, den Stein der Weisen, das Wasser des Lebens, eine Erleuchtung, eine Offenbarung, den Sinn, kurzum irgend etwas, was uns erkennen läßt, „was die Welt im Innersten zusammenhält". Freilich erfährt der Mensch dabei immer wieder, daß er, als armer Tor, hinterher bloß „genauso klug als wie zuvor" ist. So bleibt auch Faust im Bannkreis des technisch-manipulativen Denkens gefangen: Er stirbt, als er, schon erblindet, Sümpfe trockenlegt.

Bei seiner gewalttätigen Suche nach Sinn, nach Befriedigung, nach Befreiung übersieht der Mensch offenbar sehr leicht, daß er im Grunde etwas loswerden will: Angst, Unsicherheit, Zweifel, Sorge . . ., und er neigt dazu, den Teufel mit Beelzebub auszutreiben. Leicht könnte es der Gattung so ergehen wie einem Mann, der aus Verzweiflung über die Ungewißheit des Todes vorbeugend Selbstmord begeht. Die technische Rationalität ist dabei vor allem deshalb zu kritisieren, weil sie als umfassende und tyrannische *Scheinlösung* existentieller Probleme all jene Wurzeln kappte, die den Menschen immerhin noch in rudimentärer Form mit seiner Umgebung verbunden haben. Sie hat die völlige Entwurzelung des Menschen in einer offenbar kaum noch reversiblen Weise durchgesetzt. Wie soll denn ein Mensch, der in einem Betonwolkenkratzer wohnt, mit der U-Bahn zur Arbeit fährt, in einem anderen Wolkenkratzer arbeitet, sich von vorgefertigter Tiefkühlkost ernährt, die er unter dem Mikrowellenherd erwärmt, und sich durch die vom Kabelfernsehen bestimmte Scheinwahl zwischen zwölf Programmen „entspannt“, während ihm hochqualifizierte Experten von der Geburt bis zum Tod alle wichtigen Entscheidungen abnehmen – wie soll ein solcher Mensch denn wieder eine affektive, demütige Beziehung zu einer Natur entwickeln, die ihm doch gar nicht mehr erlebbar ist? Und, selbst wenn es für Einzelne doch möglich ist, wie soll es für die Mehrheit der Bevölkerung Wirklichkeit werden? Die Geister, die wir gerufen haben, sind doch schon so sehr in unser Dasein integriert, daß es gewaltige Mühe kosten müßte, sie wieder loszuwerden. Und es kommt kein „Alter Meister“, der uns dabei hilft. Wie konnten wir in diese schier ausweglose Situation geraten?

Die Sackgasse unserer Entwicklung

I.

Wir haben von einer Fehlanpassung des Menschen gesprochen, haben diese als Entwurzelung beschrieben und ihre jüngste, krasseste, naturwissenschaftlich-technische Spielart dargestellt. Die innere Verarmung wird scheinbar durch immer neuen, wachsenden äußeren Reichtum mehr als aufgewogen – bis sich das ganze Geschäft als Schwindelunternehmen herausstellt, denn der vermeintliche Reichtum war auf Sand gebaut.

Aber noch ist nicht befriedigend geklärt, wie der Mensch in diese Sackgasse der Evolution geraten konnte, in der er sich sogar die Zerstörung seiner natürlichen Lebensgrundlage noch als Wunder des Fortschritts verkaufen läßt.

Der Mensch unterliegt, im Gegensatz zu allen anderen Lebewesen, einer doppelten Evolution. Mit seiner leib-seelischen Entwicklung, insbesondere mit seiner cerebralen Ausstattung, hat die phylogenetische Evolution die Basis der Kulturentwicklung, der menschlichen Spezialgeschichte, geschaffen. Diese fußt auf der Fähigkeit zu antizipierendem Denken und auf der Entwicklung einer Symbolsprache mit der Möglichkeit zu mündlicher Überlieferung. Seither hat sich die kulturelle Evolution mehr und mehr beschleunigt, und schließlich hat sie ein solches Tempo erreicht, daß die Geschwindigkeit der ja keineswegs beendeten phylogenetischen Evolution im Vergleich zu ihr nahezu völlig vernachlässigt werden kann. Hier liegt die Wurzel der weiter oben beschriebenen *selbstproblematisierenden* Möglichkeiten des Homo sapiens. Kennen wir nun aus dem Tierreich, also dort, wo eine kulturelle Evolution

Unter Beton begraben ist jetzt endgültig die Nahe im Innerortsbereich von Idar-Oberstein nach mehr als sechsjähriger Bauzeit. 1966 hatte der Stadtrat das ebenso spektakuläre wie umstrittene Straßenbauprojekt beschlossen (das Foto oben zeigt die Stadt vor Beginn der Bauarbeiten), das die Verkehrsprobleme Idar-Obersteins für alle Zeiten durch die

Überbauung des Flusses mit einer vierspurigen Bundesstraße auf einer Länge von 2 Kilometern lösen soll. Das Bauvorhaben, das auch das Stadtbild für immer verändert, kostete 265 Millionen DM. Das Foto hier zeigt die Bundesstraße nach Fertigstellung. (Fotos: dpa)

nicht stattfindet, ebenfalls Sackgassen der Entwicklung, potentiell destruktive Fehlanpassungen? Natürlich läßt sich von solchen Beispielen aus der genetisch programmierten, durch Mutation und Selektion gebahnten Evolution nur mit großer Vorsicht auf die historische Entwicklung der menschlichen Kultur schließen, natürlich haben solche Metaphern allenfalls heuristischen Wert und keine eigene Beweiskraft. Und dennoch erscheint es mir, bei aller Vorsicht, erlaubt, nach Analogien für Fehlentwicklungen in beiden evolutiven Strängen zu suchen, um wenigstens einige Arbeitshypothesen formulieren zu können.

Können wir nun also aus der phylogenetischen Evolution Beispiele heranziehen, die wenigstens ansatzweise eine Erklärungschance für die kulturelle Fehlanpassung des Menschen bieten könnten?

II.

Fehlanpassungen im Tierreich sind, einem geläufigen Vorurteil zuwider, keineswegs selten. Da die Evolution der Arten weitestgehend auf dem Spiel des Zufalls beruht, was manchmal durch unglückliche, teleologisch anmutende Formulierungen verschleiert wird, schafft sie auch Irrläufer und Mißerfolge. Neunundneunzig Prozent der bisher entstandenen Arten sind wieder ausgestorben.

Ein Beispiel wäre das Geweih der Hirsche. Wie konnte ein solch monströses Organ, das außerhalb der Brunftzeremonien völlig nutzlos, ja sogar störend ist, überhaupt entstehen? Der Grund dafür liegt in der schlichten Tatsache, daß die natürliche Selektion immer das belohnt, was, zufällig entstanden, kurzfristig den größten Fortpflanzungserfolg für das Individuum gewährt. Den möglicherweise als Nebeneffekt entstehenden Nachteil für die gesamte Art kann das evolutive Spiel *eben nicht* miteinkalkulieren, da es sich bei ihr ja nicht um eine sinnvoll planende, ordnende

Zahl der Umweltstraftaten weiter gestiegen

Bonn (Reuter)

Die Umweltkriminalität in der Bundesrepublik ist 1984 nach Angaben des Umweltbundesamtes um fast ein Drittel auf 9805 Fälle gestiegen und weist mit 30,6 Prozent die höchste Zuwachsrate auf. Wie aus dem in Bonn vom Umweltbundesamt veröffentlichten Jahresbericht 1985 weiter hervorgeht, lagen dabei mit 6992 Verstößen erneut Gewässerschutzdelikte an der Spitze, die an der Gesamtzahl einen Anteil von 71,3 Prozent haben. Zweithäufigste Umweltstraftaten sind nach Angaben des Umweltbundesamtes Verstöße bei der Abfallbeseitigung, deren Zahl um 45,8 Prozent auf 1699 stieg. Bei den registrierten Straftaten folgen mit 524 Fällen das unerlaubte Betreiben von Anlagen und 415 Fälle von Luftverunreinigung. Dieses Delikt weist nach der Statistik mit einem Zuwachs von 251,7 Prozent die höchste Steigerung auf. Dem Bericht der Behörde zufolge konnten 71,5 Prozent aller Umweltstraftaten aufgeklärt werden. Die höchste Aufklärungsquote wurde mit 98,1 Prozent beim unerlaubten Betreiben von Anlagen registriert, die niedrigste mit 41,2 Prozent bei der „schweren Gefährdung durch Freisetzen von Giften".

Waldsterben nimmt weiter zu Tempo aber verlangsamt

Bonn (AP)

Das Waldsterben hat sich in der Bundesrepublik im letzten Jahr fortgesetzt, allerdings schreitet es langsamer voran. Nach dem jüngsten Waldschadensbericht der Bundesregierung sind jetzt 54 Prozent der Wälder geschädigt, das sind vier Millionen Hektar oder zwei Prozent mehr als im Herbst 1985. Erstmals seit 1982 haben die mittleren und starken Schäden nicht mehr zugenommen. Die Meldungen in den oberen Schadenskategorien sind sogar um 0,3 Punkte zurückgegangen und machen jetzt 19 Prozent der Waldfläche aus. Starke Unterschiede in der Schadensentwicklung gibt es bei den einzelnen Baumarten. Bei Kiefern und Tannen wurden auf größeren Flächen Erholungen festgestellt. Die Schäden bei Fichten haben zwar weiter zugenommen, der Anteil schwerer Schäden ist jedoch gesunken. Nach wie vor am gefährdetsten ist die Tanne. Düster sieht das Bild auch bei Laubbäumen aus. Insgesamt sind jetzt 60 Prozent der Buchen- und 61 Prozent der Eichenbestände geschädigt. Dem Jahresbericht 1985 des Umweltbundesamtes zufolge sinkt die Schadstoffbelastung der Luft in der Bundesrepublik spürbar.

Süddeutsche Zeitung vom 5. 11. 1986

und gestaltende „höhere Macht" handelt. So entwickelte sich das Hirschgeweih, ebenfalls ein „Extremorgan" im bereits skizzierten Sinne und nicht der Anpassung an die Außenwelt (Landschaft und andere Arten), sondern einzig und allein der innerartlichen Konkurrenz unter den männlichen Tieren der Spezies dienlich. Als Waffe gegen Feinde ist das Geweih nicht zu gebrauchen, bei der Fortbewegung des Hirsches ist es störend, der periodische Auf- und Abbau dieses monstrosen Imponierorgans verzehrt eine Unmenge Energie: kurzum, das Geweih ist dem Tier, sieht man von seiner Bedeutung beim Brunftverhalten ab, sehr hinderlich. Es ist als bizarre Bildung zur Entscheidung des innerartlichen Wettbewerbes allen anderen Anpassungsleistungen „davongelaufen". Für die Arterhaltung ist diese Entwicklung bestenfalls sinnlos, möglicherweise schädlich.

Prinzipiell ähnlich verhält es sich bei dem, was Lorenz etwas kompliziert „Sacculinisierung" nennt – eine Erscheinung bei Tieren, die mit anderen Arten interferieren, also bei Parasiten oder Symbionten. Wie sich die Evolution beim Beispiel des Hirsches „blindlings" auf die Rivalität der Männchen innerhalb der eigenen Art konzentriert hat, unter Vernachlässigung anderer Anpassungen, so verlegt sie sich hier ebenso „beschränkt" auf die Interaktion mit dem Partner bzw. Wirt – indem sie Funktionen abbaut, die jetzt dieser übernimmt. So sucht der Wirt des Parasiten Nahrung für beide Tiere, bringt beide in Sicherheit, wenn Feinde anzugreifen drohen, usw.

Wir können diese Evolution abbauend nennen, weil sie einen Informationsverlust bedeutet, weil Differenzierungen verlorengehen, weil Anpassungsleistungen verschwinden. Der Organismus bezahlt sozusagen einen überhohen Preis. Beim Parasiten ist dies leichter zu erkennen: Er hat, außer über seinen Wirt, keinerlei Informationen über seinen Lebensraum zur Verfügung. Das gleiche Phänomen gilt aber auch dann, wenn, wie beim Hirsch, die innerartliche Konkurrenz übermäßiges Gewicht erhält: Der Organismus erhält durch diese Entwicklung nur noch Information über die Eigenarten seines Konkurrenten, aber nichts mehr über die Außenwelt und droht so, schlechter an sie angepaßt zu werden.

Lassen sich nun solche Sackgassen auch für die kulturelle Evolution, die spezifische Domäne des Menschlichen, nachweisen?

Ich glaube ja, und zwar mit durchaus ähnlich gelagerten Mechanismen.

I. Das Überwiegen der innerartlichen Konkurrenz. Der innerartlichen Konkurrenz ist beim Menschen vor allem kulturhistorisch der Weg gebahnt worden. Das Ergebnis ist jedoch das gleiche: Informationsverarmung, Kenntnisverlust – auch wenn es sich nicht um genetisch gespeichertes, sondern traditionelles, im Gattungsgedächtnis mündlicher Überlieferung anghäuftes Wissen handelt.

Als die sogenannte „neolithische Revolution", die ja weit

eher ein sehr langwieriger Prozeß als ein schlagartiges Ereignis gewesen sein dürfte, die alten Jäger- und Sammler-Kulturen Zug um Zug in die Defensive drängte, geriet auch die einzigartige ökologische Anpassung dieser Kulturen in den Hintergrund, ebenso wie ihre ausgewogenen internen Balance- und Konfliktlösungsstrategien. Die kulturelle Evolution „belohnte" den aufstrebenden Typus aggressiverer Gesellschaften von Ackerbauern, Hirten und Städtegründern. Unter diesen historischen Bedingungen verdichtete sich dann die Aggressionsbereitschaft auch zum typischen Lösungsmuster für die innerartlichen, innergesellschaftlichen Kokurrenzkonflikte. Der Aufschwung der neolithischen Gesellschaft, der seßhaft gewordenen Stadtkulturen, der Feudal- und Nationalstaaten erscheint somit, in seiner destruktiven Überwindung der jahrtausendelang geübten Muster zur Gruppenkohärenz, als der durch „freilaufende innerartliche Aggression" ins Werk gesetzte Anbeginn von Kasten- und Klassenwesen, Arbeitsteilung, Gottkönigtum, stehendem Heer und regelmäßigen Feldzügen, Frauenunterdrückung und Sklaverei. Solche Kulturen arbeiteten zunächst natürlich „besser", d. h. erfolgreicher; die nächste Stufe der Entwicklung wird dann durch den immer stärkeren Konkurrenzdruck dieser Kulturen untereinander markiert. Je mehr Energie für die innerartliche Aggression bereitgehalten werden muß, die quasi als „innerseelisches Extremorgan" internalisiert worden ist, desto größer der Verlust an anderen, den Austausch mit der Natur steuernden, älteren Anpassungsleistungen, für die kein Platz mehr vorhanden scheint, auch wenn jetzt „Hochkulturen" entstehen – schon dieser „Fortschritt" ist teuer bezahlt. Eine erste „Sackgasse" kultureller Evolution zeichnet sich ab.

Zur „seelischen Provinz" oder „Instanz" im Sinne Freuds verfestigt und verdichtet, funktioniert die Aggressionsneigung nun tatsächlich als intrapsychisches Extremorgan, das, nur auf den innerartlichen Konkurrenzdruck reagierend und diesen seinerseits verschärfend, allen anderen Anpassungen davonläuft, ja sogar deren Entdifferenzierung und Abbau veranlaßt. Die Ausbildung dieses psychischen Extremorgans darf man sich freilich nicht – dies wäre eine Wiederaufwärmung der heute allgemein verworfenen Ideen Lamarcks – als genetische Vererbung erworbener Eigenschaften vorstellen, sondern als kulturelle Verfestigung und Institutionalisierung eines Verhaltensmusters, das sich durch „reinforcement“ zirkulär verstärkt. (Der Mechanismus dieser Kulturentwicklung ist von Wolfgang Schmidbauer in seinem Buch *Vom Ich zum Es* eingehend beschrieben worden.)

So wurde durch kulturelle Selektion ein Menschentyp „herangezüchtet“, dem Unterwerfung von Mitmensch und Natur wichtiger scheinen mußte als flexible Anpassung, Balance und ökologische Subtilität. Das Prinzip des Durchbruchs siegte über das Prinzip des Kreislaufs. Die im vorangegangenen Kapitel beschriebene „kriegerische Haltung“ kann so auf eine zumindest ostentativ umrissene kulturgeschichtliche Entwicklung zurückgeführt werden. Von der heutigen Situation des Menschengeschlechtes aus betrachtet, muß diese allerdings eindeutig als Fehl-Entwicklung bezeichnet werden.

Allerdings bleibt noch zu beweisen, warum wir für zwei so verschiedene Entwicklungsstränge wie die phylogenetische und die kulturelle Evolution ähnliche Mechanismen annehmen dürfen. Handelt es sich nicht um einen unerlaubten Analogieschluß? Ich glaube nein. Ohne die Eigengesetzlichkeit menschlicher Geschichte bestreiten zu wollen, glaube ich doch, daß auch die kulturelle Evolution nicht einem „höheren Plan“ gehorcht – für einen Leser, der in der Weltgeschichte das Walten eines persönlichen Gottes zu erkennen meint, sind meine Gedanken ohnehin unannehmbar –, sondern weitgehend vom Prinzip „trial und error“ und somit auch vom Wirken des Zufalls gesteuert ist. Als Regel dürfte aber wohl gelten, daß die Geschichte

im Konkurrenzkampf der Völker und Kulturen den kurzfristigen Vorteil auch dann belohnt, wenn dieser für die Region, den Kontinent oder auch für die ganze Erde langfristig nachteilig ist. Eine solche Mißlichkeiten ausgleichende „Weisheit der Geschichte“ ist mir hier leider ebensowenig erkennbar wie im Bereich der phylogenetischen Evolution. Die einzig denkbare „rettende Instanz“ wäre die kollektive Weisheit der Weltöffentlichkeit, die, zumindest theoretisch, imstande wäre, diese „Fehlentwicklung der Weltgeschichte“ wieder zu korrigieren. Diese Möglichkeit besteht gerade deshalb, weil es sich eben nicht um genetisch programmierte Anpassungsleistungen handelt, sondern um Kulturentwicklung. Hier ändernd einzugreifen würde allerdings eine tiefgreifende innere Umorientierung der Menschheit voraussetzen. Ob dieses „Menschenbeben“, wie Robert Jungk es mit einer herrlichen Wortschöpfung genannt hat, noch erfolgen wird, bevor andere Explosionen unsere Häuser zertrümmern?
II. *Die Verarmung des Parasiten.* Dieser Typus abbauender, reduzierender kultureller Evolution ist etwas schwieriger zu fassen.

Kompliziert wird der Sachverhalt dadurch, daß der Parasit Mensch seinen „Wirt“ selber geschaffen hat und daß dieser Wirt nur eine Attrappe ist.

Der Wirt, auf den der Parasit Mensch alle seine Aufmerksamkeit konzentriert und auf den er all seine Interaktionen richtet, um den Preis der Abhängigkeit und des Verlustes von Informationen über den Rest der Außenwelt, besteht aus dem, was ich „technisch-naturwissenschaftliche Zivilisation“ nennen möchte. Eine reale Scheinwelt – real im selben Sinne, wie ja auch eine Geisterbahn oder ein Varieté real sind –, eine Scheinwelt, weil ja weder Varieté noch Rummelplatz (und auch nicht die menschengeschaffene Zivilisation) werkgetreue Abbilder der natürlichen Welt sind.

Ich möchte das an einem Beispiel verdeutlichen: Der

moderne, von der Zivilisation parasitär abhängige Mensch weiß sehr viel über die Milchsorten, die in Supermärkten zu finden sind, er weiß, was es bedeutet, wenn eine Milchsorte „besonders fettarm“ oder „ultrahocherhitzt“ heißt, er kennt Milchsorten in eckigen Kartons und solche in runden Flaschen. Er weiß aber nicht, wie er eine Kuh melken soll – sofern er überhaupt schon einmal eine Kuh gesehen hat. Das heißt, er verfügt über eine Fülle von Informationen über ein Kunstwelt, von der er völlig abhängig ist – aber er hat nahezu sämtliche Informationen über jene natürliche Welt verloren, aus denen diese künstliche Welt überhaupt erst erschaffen worden ist. Und genau daher rührt auch seine Abhängigkeit.

Ein anderes Beispiel läge darin, daß dem Zivilisationsmenschen in Warenhaus und Supermarkt eine überwältigende Fülle verschiedener Brotsorten angeboten wird; eine Fülle, die Freiheit der Auswahl und Reichtum vorspiegelt. Dies ist eine *Scheinwelt,* aus der wir *Scheininformationen* beziehen. In Wirklichkeit geht die Zahl der angebauten Getreidesorten zurück, wird der Anbau in immer großflächigeren Monokulturen betrieben, die extrem störanfällig sind und hohen Aufwand erfordern. Was die Welt insgesamt anbetrifft, ist die Nährstoffversorgung, zumal mit Getreide, unzureichend und unsicher. Dem Zivilisationsmenschen ist das nicht klar, er erhält keine Information darüber und wird durch die Warenfülle emotional in Sicherheit gewiegt. Dies ist allerdings eine Scheinwelt, wobei die Ruinierung der tatsächlichen Welt, und damit die Zerstörung der Lebensbasis auch des Parasiten Homo sapiens, hierdurch erst ermöglicht wird.

Weitere Beispiele ähnlicher Art sind leicht zu finden, man gehe nur einmal offenen Auges durch die Lebensmittelabteilung eines Warenhauses. Oder denken Sie an das im dritten Kapitel Dargelegte: Es ist so leicht, die Welt zu zerstören. Es bedarf eigentlich nur der völligen, abhängigen Anpassung an eine destruktive Scheinwelt.

Durch die fehlgeleitete kulturelle Evolution richtet sich der Mensch in parasitärer Abhängigkeit an den Erfordernissen einer kurzlebigen Kunstwelt aus, während seine früher vorhandenen Anpassungen an die natürliche Welt verlorengegangen sind.

Ist Umkehr noch möglich, menschen-möglich?

Epilog

Was kann noch helfen?
Kann überhaupt noch etwas helfen?

Ich weiß dies selber nicht genau. Oft wache ich nachts auf, und ich kann mich des bangen Gefühls nicht erwehren, daß alles schon zu spät ist.

Häufig wird mir vorgeworfen, dies sei Resignation. Das ist falsch. Ich rede ja nicht der Passivität das Wort, gehöre nicht zu denen, die predigen, man solle alles, was geschieht, tatenlos hinnehmen – ganz im Gegenteil! Ich bin jedoch skeptisch, was die Aussicht auf Erfolg betrifft. Wie dem auch sein mag, solange es ein „Noch nicht" gibt, gibt es auch die Möglichkeit, zu handeln, können wir, wenngleich ohne Erfolgsgarantie, noch etwas tun.

Aber was sollen wir tun?

Als das Magazin „Stern" in seiner Ausgabe vom 3.11. 1983 den Nobelpreisträger Konrad Lorenz fragte: „Was sollen die jungen Leute tun", antwortete dieser: „Raus aus der Stadt, rein ins Land, dezentralisieren, entspezialisieren."

Ohne mit Konrad Lorenz in allen Fragen einverstanden zu sein, finde ich diese Antwort im Kern richtig. Unsere einzige Chance besteht darin, daß wir es lernen, uns auf zwei Ebenen zu bewegen und diese Bewegungen miteinander zu integrieren.

Auf der einen Ebene müssen wir defensiv, ja destruktiv sein, müssen wir den Gehorsam verweigern und Widerstand leisten. Wir müssen nukleare Aufrüstung, neue Kernkraftwerke, Dünnsäureverklappung, Luftverschmutzung, Tierversuche etc. pp. verhindern oder wenigstens behindern. Hierüber ist schon viel gesagt und geschrieben worden, ich will das Thema deshalb nicht weiter vertiefen.

Auf der anderen Ebene müssen wir offensiv und produktiv die Keimformen einer neuen Haltung im Zusammenleben mit Natur und Mitmensch entwickeln und erproben. „Man muß wirken auf das, was noch nicht da ist" (Laotse) – würden wir nicht eine solche neue Haltung entwerfen, so wäre, dies ist meine feste Überzeugung, jeder politische Kampf, jede Aktion des Ungehorsams und des Widerstandes, auf lange Sicht vergeblich.

Wenn man bedenkt, daß unsere Welt an *Ausbeutung* und *Manipulation* zugrunde zu gehen droht, dann gibt es für eine solche Haltung ein klares Leitthema: *Verzicht.*

Es mag nun vielleicht dem einen oder anderen zynisch erscheinen, wenn ich in einer Welt, in der pro Sekunde ein Kind verhungert, den Verzicht predige. Aber diese Empörung greift zu kurz; denn den Hungernden auf der Welt ist nicht mit unseren Worten, sondern mit unseren Taten gedient; und der Hunger des Südens ist direkt proportional der Maßlosigkeit des Nordens, der pro Sekunde 80000 DM für Rüstung und Waffen verschleudert. *Deshalb* rede ich dem Verzicht das Wort, und zwar halte ich im einzelnen für unabdingbar:

Verzicht auf eine Grundhaltung, die im Menschen den berufenen Herren der Erde erblickt, der mit der ganzen Welt schalten und walten kann, wie es ihm gerade beliebt – und das heißt auch Verzicht auf jene maßlose Überheblichkeit der belebten und unbelebten Mitwelt gegenüber, die in dieser nur ein Mittel zum Zweck anerkennen möchte.

Verzicht auf die unübersehbare, entfremdende, den Menschen in maschinenähnliche Abhängigkeit bannende industrielle Großtechnologie in Ost und West – statt dessen naturund menschengerechte, „sanfte", d.h. möglichst wenig eingreifende Verfahren mit überschaubaren und kalkulierbaren raumzeitlichen Dimensionen; Rückkehr zu allgemeinverständlichen Produktions- und Reproduktionsformen.

Verzicht auf das illusionäre Ziel des beständig positiven, ja sich gar noch beschleunigenden Wirtschaftswachstums; Verzicht auch auf ein eindimensionales Modell von Produktion und Konsum; Kreislauf statt Durchbruch, Erhaltung statt Expansion; Wiederverwertung statt Verschleiß.

Verzicht auf beständige Machtkonzentration und wuchernde Bürokratie mit einer ständig wachsenden Schar von vermeintlich unentbehrlichen Experten – statt dessen direkte Demokratie, die Mitarbeit aller verlangt; Wiederherstellung dezentraler, miteinander verflochtener, größenordnungsmäßig überschaubarer sozialer Kleingesellschaften, die bei Wahrung ihrer lokalen Eigenständigkeit miteinander kooperieren.

Nur durch die schrittweise Erfüllung dieser Forderungen, die selbstverständlich, dies ist ja gewollt, ein völlig neues Verständnis von Politik und die Überwindung herkömmlicher Machtansprüche voraussetzen, wird es uns gemeinsam möglich werden, jene quasi widernatürlichen Situationen umzugestalten, die der vieltausendjährigen Menschheitsgeschichte erst seit wenigen Jahrhunderten, zum Teil erst seit Jahrzehnten, zum gemeinsamen Schaden aller und zum privaten Nutzen einiger weniger aufgezwungen worden sind:

– Verlust der über Jahrtausende hinweg entwickelten Anpassung des menschlichen Wesens an die Natur, die von uns als fremde und feindliche Macht verwaltet und vergewaltigt wird;

– Entfremdung von der sehr wohl menschenmöglichen Selbstregulation des eigenen Daseins durch sinnentleerte, fremdbestimmte Arbeit und durch rauschhaften, befriedigungslosen Konsum;

– unklare und bedrohliche Gruppenzugehörigkeit mit zwangsweiser Zuweisung zu Großgruppen von oft weit mehr als hundert Gruppenmitgliedern, die sich weder selbst organisieren können noch in ihrer Binnenstruktur dem Gruppenmitglied transparent sind, sondern vielmehr äußerlichen, fremdbestimmten Effizienzmaßstäben genügen müssen;

– Vereinsamung in einer sozialen Situation, die immer mehr flüchtige Kontakte mit völlig fremden Mitmenschen erfordert und die Zahl der wirklich vertrauten Personen drastisch reduziert, so daß befriedigender zwischenmenschlicher Austausch immer seltener und, da ungewohnt, immer riskanter wird;

– Verkümmerung in einer Situation, die direkte soziale Beziehungen zu anderen Menschen mehr und mehr durch technische Hilfsmittel (Zeitung, Radio, Fernsehen, Telefon) ersetzt und so ständig neue Surrogate an die Stelle des ursprünglichen, direkten Mit-Einander setzt;

– Passivierung und Ohnmacht durch immer schnellere, immer eingreifendere technische und soziale Veränderungen, die die Lebenserfahrung einer Generation schon für deren Kinder entwertet und aktive Erfahrung durch passive Übernahme, Lernkontakte zu Mensch und Tier durch Abhängigkeit von Maschinen ersetzt.

Ist dieses Programm illusionär? Kommt es nicht viel zu spät?

Ich weiß es nicht.

Mit Sicherheit kann ich eigentlich nur eines sagen: Utopisten sind nicht diejenigen, die solche Forderungen stellen, sondern all die, die glauben, mit herkömmlicher Politik ließe sich diese Erde am Leben erhalten. Wenn wir so fortfahren, wird für uns alle bald kein Platz – ou topos, von woher sich das Wort utopisch ableitet – in diesem Weltall mehr zu finden sein.

Persönliches Schlußwort

Zum guten, schlechten Schluß drängt sich noch eine letzte Frage auf:

Kann man in einer Welt, die möglicherweise kurz vor dem Untergang steht, die persönliche Gelassenheit (wenn man so will: den „Seelenfrieden") bewahren?

Ich glaube in der Tat, daß dies möglich ist.

Wie bereits gesagt, ist meine Haltung nicht Resignation, sondern Skepsis. Wer überhaupt nicht kämpft, der hat allerdings schon verloren. Aber auch wer kämpft, kann verlieren. Daß das Bemühen um den Erhalt der Welt Erfolg haben wird, ist nicht ausgemacht. Es gibt weder ein Patentrezept noch eine Erfolgsgarantie.

Aber mit dieser Ungewißheit, mit dieser Unsicherheit müssen wir leben. Sie zu übertünchen, indem man sich durch hektischen Aktionismus selber Mut machen will – quasi durch politische Selbst-Beschäftigungstherapie zur Unterdrückung der eigenen Ängste und Zweifel –, das wäre gewiß das letzte, was wir brauchen. Es wäre im Grunde genommen nur eine Fortsetzung der alten, ruinösen Leistungsmentalität. Und die hat in der Welt schon genug Schaden angerichtet.

Keiner von uns weiß, was in diesem Augenblick, jetzt, beim Lesen dieser Zeile, geschehen wird. Vielleicht fangen jetzt, gleich jetzt, die Sirenen zu heulen an, weil ein alter Mann im Weißen Haus oder ein Mann im Kreml ... Wir wissen es nicht. Wir haben es nicht in der Hand. Dies müssen wir ertragen lernen.

Hierzu kommt mir eine Begebenheit in den Sinn, die Arno Borst in seinem begeisternden Buch über „Lebensformen im Mittelalter" berichtet hat: In einer asturischen

Bauerngemeinde am Ende des 8. Jahrhunderts fürchteten die Pfarrkinder den nahenden Weltuntergang und bereiteten sich durch Fasten auf ihn vor. Plötzlich rief, nach längerem Warten, einer der Büßer aus: „Essen und trinken wir wieder! Wenn wir dann tot sind, sind wir wenigstens satt!"

Solche Diesseitigkeit auch angesichts des drohenden Weltenendes erscheint mir höchst empfehlenswert.

Weder das eigene Ende noch der Untergang des Planeten sind Ereignisse, deren Datum wir vorhersehen können, auch wenn ihr Eintreten sicher erscheint.

Ein unkalkulierbarer Rest an Rätselhaftigkeit bleibt.

Wer einmal tief in diesen Abgrund aus Angst, Unsicherheit und Ungewißheit geblickt hat, der wird wohl in der Lage sein, gelassen sein Möglichstes zu tun; ob es nun im Ende genug sein wird oder nicht.

Dazu fällt mir eine Parallele ein. Wer bei den Naturvölkern zum Schamanen berufen wurde, erkrankte meist an einem schweren Leiden. Er wußte nicht, ob er die „Schamanenkrankheit" überleben würde, und manch einer hat sie tatsächlich überlebt. Wer aber diese Prüfung übersteht, ist zum „Meister des Todes" geworden.

Vielleicht kann nur der, der den Glauben an den Tod der Biosphäre, an das Ende allen Lebens auf diesem Planeten ertragen kann, sich wirklich nachhaltig, durchdrungen vom Wunsch nach einer anderen Welt, gegen die Vernichtung der Zukunft zur Wehr setzen?

Die Blume verblüht, wenn wir sie nur allzu ungern hergeben möchten.
Das Unkraut schießt, wenn wir es nur mit Widerwillen wachsen sehen.

Dogen, ein Zen-Meister

Literaturverweise

T. W. Adorno, Minima Moralia. Reflexionen aus dem beschädigten Leben; Gesammelte Schriften Bd. 4, Frankfurt 1971

H. Broch, Die Idee ist ewig. Essays und Briefe, München 1968

H. P. Duerr, Traumzeit. Über die Grenze zwischen Wildnis und Zivilisation; Frankfurt 1978

H. Hesse, Eine Literaturgeschichte in Rezensionen und Aufsätzen, Frankfurt 1970

H. Hesse, Lektüre für Minuten, Frankfurt 1975

J. Herbig, Im Anfang war das Wort, München 1986

A. Huxley, Schöne neue Welt, Frankfurt 1978

K. Jaspers, Vom Ursprung und Ziel der Geschichte, München 1949

D. Lessing, Die Memoiren einer Überlebenden, Frankfurt 1981

C. Lévi-Strauss, Mythos und Bedeutung, Frankfurt 1980

K. Lorenz, Der Abbau des Menschlichen, München 1983

H. E. Richter, Der Gotteskomplex, Reinbek 1979

R. Riedl, Die biologischen Grundlagen der Vernunft in: Reproduktion des Menschen, Schriften des Carl Friedrich von Siemens-Stiftung, Bd. 5, Berlin-Frankfurt-Wien 1981

I. Seger, Wenn die Geister wiederkehren, München 1982

J. Updike, Bessere Verhältnisse, Reinbek 1983